屈原传

梁艳芳　编著

国文出版社
·北京·

图书在版编目（CIP）数据

屈原传 / 梁艳芳编著． -- 北京 ：国文出版社，
2025． -- ISBN 978-7-5125-1823-0

Ⅰ．K825.6

中国国家版本馆CIP数据核字第2024D5E439号

屈原传
———

编　　著	梁艳芳	
责任编辑	侯娟雅	
统筹监制	杨　智	
责任校对	周　琼	
出版发行	国文出版社	
经　　销	国文润华文化传媒（北京）有限责任公司	
印　　刷	文畅阁印刷有限公司	
开　　本	880毫米×1230毫米	32开
	6印张	113千字
版　　次	2025年3月第1版	
	2025年3月第1次印刷	
书　　号	ISBN 978-7-5125-1823-0	
定　　价	59.80元	

国文出版社

北京市朝阳区东土城路乙 9 号　　　　　邮编：100013

总编室：（010）64270995　　　　　传真：（010）64270995

销售热线：（010）64271187

传真：（010）64271187-800

E-mail：icpc@95777.sina.net

屈原(约前340—约前278年),名平,字原;又自云名正则,字灵均。战国时期楚国诗人。楚国贵族。初辅佐楚怀王,做过左徒、三闾大夫。学识渊博,主张彰明法度、举贤授能,东联齐国、西抗强秦。后遭到贵族子兰、靳尚等人的谗害而去职。在楚顷襄王时被放逐,长期流浪沅湘流域。后因楚国的政治更加腐败,首都郢亦为秦兵攻破,他既无力挽救楚国的危亡,又深感政治理想无法实现,遂投汨罗江而死。

他在楚国地方文艺的基础上,创造出"骚体"这一新形式,以华美的语言、丰富的想象,融合神话传说,抒发热烈的感情,塑造出鲜明的形象。如《离骚》宏大的篇制,与《诗经》形成了显著区别,对后世影响很大。其传世作品,都保存在西汉刘向辑集的《楚辞》中。

目 录

第一章

少年时光

出身于贵族家庭

公元前 340 年,有一天恰巧是寅年、寅月、寅日的三寅之日,在楚国一个芈姓屈氏名叫伯庸的贵族家庭里,出生了一个孩子。这个神奇的日子好像意味着这个孩子将来会不同寻常,有了不起的作为。

屈伯庸在朝中做了一个小官,家境还算富裕,只是人丁不旺。他年近不惑时,夫人才有了身孕,将要临盆的时候,他才回家探望。那日他在书房静坐,丫鬟突然跑来报喜,说夫人生下一位公子,还神秘兮兮地说公子落地时异香满室。屈伯庸自然是高兴极了。

那天是楚宣王三十年农历正月初七,屈伯庸屈指一算,恰是寅年寅月寅日,按照当时流行的阴阳五行学说,那天被认为是得了人道之正。屈伯庸很高兴,给儿子起名叫"平",字"原",并对孩子寄予了极大的希望。他还给儿子起了一个相应的美名叫"正则",字"灵均"。这个孩子就是屈原。

屈原的出生地是现在的湖北秭归,那里自古以来就是一块风水宝地。它处于长江三峡的巫峡和西陵峡中间地带,风光瑰丽,钟灵毓秀。居住在该地的百姓可依山垒房,临水搭台。该地真可谓是物华天宝,人杰地灵,除了地理条件优越外,还拥有深厚的文化底蕴,历史十分悠久,是楚文化的发源地。

屈家的远祖叫颛顼,为中华远古五帝之一。相传颛顼是黄帝的孙子,九黎族的首领。其父昌意是黄帝与嫘祖的次子,封于若水,娶蜀山氏之女昌仆为妻,生了颛顼。颛顼性格深沉而有谋略,15岁时就辅佐少昊,治理九黎地区,封于高阳,因此又被称为高阳氏。

楚国的始祖和屈家的始祖同源。楚国创业始封的君主是熊绎,其后代皆从熊氏。屈氏始祖屈瑕,是楚武王熊达的儿子,受封于屈地,后来便把这一地名作为这一支脉的姓氏了。

在春秋时代,屈氏后代在楚国非常显赫,自屈瑕以下,屈氏后人在楚国多任要职。在楚国王族中,屈氏受封最早,族人最盛,延绵最久。除屈氏外,还有景氏、昭氏,在楚国当时为三大王族。

屈原所处时代是中国古代从周威烈王时起到秦始皇灭六国的这段时间,就是春秋战国时期。这一时期,原周朝分封的诸侯国之间的相互争霸和兼并异常激烈,商周以来的几百个诸侯国归并为春秋时期的 12 个诸侯国,到战国初期只剩下 7 个大国,即齐、楚、燕、韩、赵、魏、秦。而屈原所处的是战国中后期,正值兼并斗争最为激烈的时期,这对他的成长具有很大的影响。

少年崭露头角

出身于贵族家庭的屈原,自幼便过着锦衣玉食的生活。因为家庭环境好,他小小年纪便与众不同。公元前333年,7岁的屈原就出落得身材修长,举止文雅,在同龄的孩子还在淘气玩耍时,便已有翩翩少年的风度了。

少年时的屈原雪肤玉肌、唇红齿白,除了相貌出众外,品性更是无可挑剔。他生性谦和,修养极好,总是谦虚待人。他喜欢一个人独处,很少与同龄的孩子嬉戏打闹,更不会做出格的事情惹父母生气,可以说是少年老成。

小屈原还很喜欢动脑筋,常常一个人漫步在池边溪畔思考问题,而且往往还思考得非常投入,甚至偶有路人跟他打招呼他都视而不见,可见他非常地专注。

屈原从小喜爱洁净,每天早晨都要到井边打一桶水,用清澈的井水洗去脸上的尘垢,洗净自己的帽缨,然后对着明亮的井水照照衣帽是否整齐或洁净。

后来,屈原长大后懂得了人不仅要讲究外表整洁,更重要的是保持心地纯洁与正直,因此,他每天洗漱完毕后,都要对着明亮的井水察看自己有没有私心邪念，行为上有没有不对的地方，省察自己对国家忠不忠，对百姓爱不爱，等等。这面明心透腑的"镜子"映照着屈原的心灵，也把他的心灵照得透亮鲜明。这口井就是后来人们传说的"照面井"。

屈原房间的物品摆放得井井有条。凡是生人进入他的房间，根本就看不出这竟是一个毛头小伙子的居所。他还喜欢大自然中一切美好的事物，喜欢青山碧水，喜欢虫鸣鸟叫，更喜欢开在山间的兰花和香草，常将兰花、香草当作饰物佩戴在身上。

屈伯庸除了教育儿子注重外在美，还常常给他讲一些古代圣贤的故事，希望屈原从中得到启发，进而去修炼自己的品行。屈伯庸经常对屈原说的一句话就是："孩子啊！一个人注重自己衣着和外表的整洁固然重要，但更重要的是要保持心灵的洁净，懂得善恶是非。"

经过父亲的教导，屈原的一言一行比之前更加规矩了。他到山间漫步时不会随意惊扰小动物，也不会随意摘那些还未来得及开放的小花。他在用兰花、香草做饰物的时候，不再纯粹以好看的心态摘取了，而是懂得了花儿的美丽寓意着高洁、香草的馨香有着圣人高贵的气质……就连对自己爱洗帽子的习惯,他都有了独特的领悟,觉得帽子是主人内心浊净的外在表现,因此一定要注意帽子的干净。

倘说爱整洁、好修饰是屈原的性格特点,那么聪颖睿智便是他的素质特征了。屈原自幼爱读书,又十分聪明,几乎是过目成诵,所以十几岁时已经学富五车,见识过人,是远近闻名的"神童"。

屈氏为楚之同姓,屈府是贵族世家,不用说,管理账簿、负责会计,就有一个不小的班子。有一天,屈府的账房先生们正在忙着结账,屈原走进去,信手拿过一本账簿,从头到尾浏览了一遍,然后放回原处。

账簿未能放稳,落到几案下的火盆中,当时就燃烧起来了。屈原年少机灵,急忙从盆中去取那燃烧着的账簿,但是已经晚了,账簿被烧掉了一半。大家都说屈原年岁太小,浑身孩子气,办事毛手毛脚。屈原听了,很是气愤,索性将残存的账簿撕得粉碎,投于火盆之中,让其尽成灰烬。

在场的账房先生们都惊呆了,特别是负责这本账簿的那位先生,简直是"三魂离舍,七魄出窍"。小屈原却从容镇静,若无其事地说:"簿子上的账目,我已铭记在心,可以重写一份,没什么可担心的!"

于是,小屈原便逐一口述,由一位先生笔录,一本新账簿就脱颖而生了。后来新账簿经过核验,果然与实际无一差错。

屈原出生于王室宗族家庭,他自幼受到了良好的教育。他通览古籍,并十分留意历代兴亡盛衰的踪迹,积极探求治国安邦之道。在他的心目中早已树立了这样一种信念:自己将来要像商代伊尹辅佐商汤、周代吕望辅佐周武王那样,辅佐楚王,振兴楚国,统一天下。

在这种信念的鼓舞下,屈原刻苦读书,即便是酷热的夏天,他也不松懈。为了避免中暑,他就到伏虎山脚下凉爽的纳山洞里去读。后来,人们把这个山洞称为"读书洞"。

屈伯庸生长于南国,却喜爱中原文化,特别倾心于儒家学说,所以他要求屈原熟读《易经》和孔子的书,研究关于修身、齐家、治国、平天下的整套学说。

屈原虽然也爱读儒家著作,对仁义之道很感兴趣,但他却不满足。他还涉猎诸子百家的著作,就连楚地的民歌他也喜欢找来吟诵。他白天读书,晚上还要和邻近的小哥们儿一块习武,常年不辍。

屈伯庸回来探家时,看见儿子书读得太杂,只怕博而不精,还要学什么拳棒,更会影响读书,为此,他常常训诫儿子。屈原不服,搬出孔子的"六艺"来和父亲对抗。还说当时七雄并出,只会文不会武,便不能适应形势。屈伯庸拗不过儿子,也只好随他去了。

江水浩浩荡荡地流过秭归。在江的南岸有一块巨石,看上去像一座米仓。巨石下面有一个豁口,活像一个漏斗,人们管它叫米仓口。老人说,这个米仓口原本可以源源不断地从中流出米来,但是只可解燃眉之急,要想多拿是拿不走的。后来一个贪心的人把米仓口凿大了,拿了许多米回去。他回到家一看,米全变成了沙子。从此,这米仓口就再也无米流出了。

有一次,屈原到米仓口玩耍,看到那"漏斗"里不时窸窸窣窣地往外流着沙子,就抓起一把端详着,他心想:要是真的能够流出白米,穷人家不就可以避免饥肠辘辘之苦了吗?思来想去后,他有了主意。

几天之后,有人忽然发现米仓口又流出白米了,于是,人们惊喜万分,奔走相告。之后,每天都有人拿着袋子去接米,但是米不是很多,大家只好匀着点吃。

就在这时,屈伯庸从朝中回来,却发现自家的米仓缺损了一个小角儿,觉得有点蹊跷,便在夜里暗中到米仓里去察看。在月光下,他忽然发现一个人背着一个袋子正从那里离开，便尾随了上去。走着走着，到了米仓口。屈伯庸走近一看，不是别人，却是自己的儿子屈原。他一下子全明白了，便叫了一声"平儿"。

屈原听见有人叫他，惊恐四顾，当他发现是父亲站在那里时，便跑过去跪了下来。屈伯庸心潮激荡，用手抚摸着儿子的头说："平儿，你没有错，济困扶危乃仁人君子之所为。可是……以楚国之大，啼饥号寒者何止千万，凭咱们那小小的米仓如何救得了他们？你要立下大志，好好读书。将来担当大任，救人民于水火之中，解百姓于倒悬之苦！"

在这之后，屈伯庸大感欣慰，因为他觉得，平儿这个孩子他日长大成人后，必定不是等闲之辈啊！

博闻强识小辩才

屈原腹有诗书,懂得自然也多,同龄的孩子遇到难解的问题时,总是第一个想到他。他在讲解问题时总能让他人露出一脸呆相,等明白之后提问的人就会拍着脑袋说:"哦,原来是这么回事,我怎么就不知道呢?"

屈原还总能将书中所学知识运用到实际生活中,这样不仅可以巩固知识,也能为人排忧解难。

有一天,屈原到响鼓溪的溪边散步。他一边回味刚刚读过的书中内容,一边欣赏周围的风景。他非常享受这种鸟语花香、绿草茵茵、溪水潺潺、鱼儿嬉戏的美好时光。在这种环境下,他很想高歌一曲。

屈原刚欲张口,忽然听见一阵争吵声,抬头一看,离响鼓溪不远的地方,一群少年正围着坑洼里的一头石牛讨论着什么。屈原就走过去跟大家打招呼:"你们在干什么呢?这个石牛有什么特别的地方吗?"

这时,屈原的姐姐女媭从人群里挤出来,跑到弟弟面前,喘着气回答道:"弟弟,我们正在讨论怎么把石牛搬到岸边做洗衣砧呢！可是石牛太重，我们想了很多办法也移不动，怎么办呢？"

听了姐姐的话，屈原沉思起来。他记得书上说过，再重的东西，一旦搬到水中的小船上就能轻轻松松地跟着水漂走。那么这头小石牛在水里是不是也会轻很多呢？他把自己的想法告诉了大家。大家听了觉得有道理，就想试试。

于是，在屈原的指挥下，他们动手在响鼓溪和这块洼地之间挖了一条小水沟，水很快就流入了洼地，而且越流越多，没多久就把小石牛淹没了。大家赶紧站在水中一起用力推石牛，石牛竟然真的被推动了。

看着石牛被慢慢推到了溪边，大家都高兴地叫了起来。然后，一个个满心好奇地问屈原是怎么想到这个办法的。屈原神秘一笑，回答说："这个办法书上有，你们想知道就多读书吧！"说完，他便转身离去，继续欣赏他的美景去了。

经过这件事，屈原对读书的热情更加高涨了，因为他知道多读书可以增加自己的知识面，在遇到问题时，这些知识就如法宝一样一个个蹦出来，给自己巧妙的提示。比旁人多一些见闻和多一些知识，在他看来并不是什么难事，只不过要多花些心思罢了。

因为博闻强识的缘故,屈原平日里跟人交谈也总是出口成章,常常让人惊叹他的才学。凡是那些见识过屈原才学的人,都对他印象深刻,还有意无意地为屈原传着美名。时间一长,有许多达官贵人与文人墨客都慕名来探访屈原。

这些人多以诗文试探屈原的才学,有时候还出一些十分刁钻的问题难为屈原,可是每次都被屈原巧妙地对答出来了。有时候,那些不服气的人还会以"鸡蛋里挑骨头"的态度,指责屈原回答得不对。屈原听后,总是不愠不怒地迎面还击,时而引经据典,时而据实以证,说得对方哑口无言。

有一次,楚国左伊来视察,听人说起屈原的美名,便顺道来看看。一见到屈原,左伊大人就被他的风度吸引了,心想:这个少年果真是风度翩翩,一表人才,不知道腹中的才学是否也如他的仪表一样出众呢?且让我试试再说!

这位颇有才华的左伊大人一连抛出好多个稀奇古怪的问题来难为屈原,可每个问题都被屈原轻而易举地对答上来了。对此,左伊大人非常满意。他对屈原回答问题时镇定自若、反应敏捷的表现也赞叹不已,直呼:"好一个博闻强识的少年郎啊!"

　　经过一番考验,左伊大人对屈原已经喜欢得不得了,他听说屈原有过目不忘的本领,就想见识一下。于是,他故作严肃地对屈原说道:"我听说你书读得多且杂,光读得多,知道个大概没什么了不起,真正有才学的人要对所读内容烂熟于心。我现在就用一个问题考验你在这方面做的功课够不够,我也不问难的,你就给我说出100个古代名人的名字吧!记住,不能用笔记,不能思考太久!"

　　屈原一听,嘴角便扬起一抹笑意,心想:"这有何难呢?每本书中的内容我都能复述得一字不差,说100个古人名更不在话下。"于是,他恭恭敬敬地向左伊大人作了个揖,然后清清喉咙,开始了自己的精彩演说。

　　屈原不紧不慢,节奏平缓如唱歌般将100个古代名人的名字给背诵了出来。

　　左伊大人与在场的每个人都听得目瞪口呆,如在梦境一般。左伊大人当即情绪激动地拉住屈原的手说道:"真不愧为一方奇才啊!今天我算是开眼了。今后楚国若有你这样的人才为国效力,那真是我们楚国子民的福分啊!"

　　屈原所处的战国时期,正处于七国相争抗衡的局面,这七雄每个都想要称霸天下,成为独领四方的统治者。因而它们之间便明争暗斗,尔虞我诈,唯恐沦为任人宰割的弱者。这样一来，搜罗奇人异士，为富国强兵出谋划策，便成为各国君主必做的功课。

这些搜罗来的奇人异士一般都具有才学出众、口才绝佳的特点，因为他们不仅要协助君王处理内政，还要帮助君王应付外交事宜，是百姓眼中的治国能人。而屈原小小年纪便在学识与辩才上崭露头角，自然就成了大家关注的焦点。

不过，屈原是一个不易被外界干扰的人，尽管他走到哪里都会有人指指点点地议论："这就是那个博学多才、能言善辩的屈原，听说好多名人都对他的才华赞不绝口呢！"可是，他依旧与平常一样，该上学的时候就跟伙伴们一同去学堂，想放松身心的时候还是到常去的小溪边散步。

屈原没有因为自己"年少有名"就趾高气扬或不可一世，在与同学们探讨学问以及研究治国之道时，他还是非常谦虚有礼，总是认真听取对方的观点。这样一来，屈原不仅没有遭到大家的排挤和嫉妒，还很受大家的拥戴，他自身的学识和辩才也在与大伙儿的相互学习中日渐增强了。

橘林会友论政

对于满腹学识的屈原而言,仅仅沉浸在书海中已经不能满足他对知识的需求了,他迫切地希望与人交流,希望听见不一样的声音,更希望将自己的心得体会大声地讲出来。

于是,屈原不再整日一个人在林间、溪旁、树下游荡了,而是常常邀请好友相伴。大伙儿或漫步或围坐,一同写文吟诗,言志抒怀,纵论天下时势,一个个慷慨激昂,意气风发。

有一天,江北望霞峰麓的景柏与汇南巴村的昭春结伴来访,屈原却不在。屈原的姐姐女媭带客人到读书洞、照面井、玉米田,都没有找到屈原,最后在香炉坪背后的山坡上找到了他,原来他正在橘林中培育橘树苗。

那是一处规模壮观的橘林,橘树依山而植,层层叠叠,翁翁郁郁。橘树枝叶繁茂,叶片肥厚,苍翠欲滴,泛着油绿的光,青滚滚的枝干显示着它的勃勃生机。

三人亲如兄弟,情同手足,相聚橘林,来到一块林间草坪,他们或坐或立或卧,赏橘苗、观橘林、品柑橘,任思绪驰骋,凭激情倾泻。

其间,屈原出了个"试论七雄天下"的题目,三人一起口头作起文章来。在酝酿片刻之后,屈原与昭春一起推荐造诣最深的景柏先说。

景柏那天心绪不佳,本不打算吟诗作赋,但是为了不失礼节,只好借题发挥议论起来,他说:"当今天下,七雄并存,各显神威。为了捷足先登,列国君王争夺能臣谋士,颇费心机。而七雄之中,各具其长,尤以魏国君贤、齐国民富、秦国兵强,而我们楚国,只不过国土辽阔而已……"

听了景柏的这番议论,屈原心中很不是滋味,他那颗极强的自尊心被景柏戳了一刀,仿佛流着滴滴殷红的鲜血。昭春正要插话,景柏又侃侃而谈:"自先灵楚庄王后,我楚国日渐衰弱,现已疮痍满目,危在旦夕……"

屈原觉得,景柏正在长他人的志气而灭自己的威风,不禁反问道:"纵然如此,又当如何?我辈岂能袖手旁观!富强的祖国可爱,而危难中的祖国呢?"

这一句话勾起了景柏心中的隐秘,他再也不愿将苦闷压在心底折磨自己了,便坦诚地对屈原说:"楚材晋用,此乃常事。我已与昭春弟谈过,以春秋仲尼先师为榜样,游说六国,另择贤君而事之,完成统一九州大业,以遂今生宏志!"

听完景柏的一席话,平日里不紧不慢的屈原,却显得异常沉不住气了。屈原情绪激动,语带责备地说道:"你说的这是什么话!我们的祖国贫弱,难道就不值得我们为之效力了吗?什么叫'另择贤君'呢?这跟投敌叛国有什么区别呢?国家越是处于危急存亡之时,我们越是要对它不离不弃,越是要想方设法为君王出谋划策,好使我们的国家早日渡过难关,这样我们的国土才能不被其他列强侵犯,我们的子民才可以免遭战祸,才能安居乐业,难道不是吗?"

屈原万万没有料到,两位挚友竟然和自己的志趣出现了偌大的分歧,真是"水清能见底,镜明难照心"。屈原纵然心胸坦荡,也难以容忍这种见异思迁并抛弃祖国的人。他后悔自己过去只是在诗文上交往才华出众的朋友,却忽略了一个人内心秉承的人生观和价值观。

正在这时,女婴送来了酒菜,要弟弟陪客人饮酒咏诗,并走进橘林摘橘子给客人尝鲜。

三杯酒下肚,沉寂消解,三人间的气氛又活跃起来了。三个人喝得兴致正浓,忽然有一条双头蛇从草丛中蹿出,直通屈原而去。景柏眼疾手快,抓起身边屈原培育橘苗用的锄头,狠命打去。景柏的手真准,不偏不倚,正好打在两个蛇头上,一个既断且连,另一个则崩离数尺。蛇身先是蜿蜒,继而痉挛,很快便僵直不动了。

三人碰杯相庆,为感谢景柏舍身相救,屈原连敬三杯,景柏全都一饮而尽。然而乐极生悲,酒落愁肠之后,景柏竟然伤心落泪起来。原来,当地有句谚语"打死双头蛇,活不到天黑",景柏正为此而忧伤呢!

屈原不信这些,他借题发挥说:"这双头蛇此时爬到这里,彼时就会爬那里,到处害人,实在可恶!景柏兄为民除害,怎么会有灾难降临呢?"

景柏只顾伤心,没听出屈原这话的弦外之音。昭春是个和事佬,他见情势不妙,劝住了两位好友,不再继续喝酒。他以幽默的语言安慰景柏,三言两语便令其破涕为笑了。

恰在这时,女婴摘来了蜜橘,于是三人品橘作诗。昭春颂扬橘树之风貌,景柏赞颂红橘之甘美,屈原则将橘树的形美质优糅合一处,取象立意,咏物托志,写成了一首风格迥异的诗,这就是《橘颂》:

后皇嘉树，橘徕服兮。受命不迁，生南国兮。

深固难徙，更壹志兮。绿叶素荣，纷其可喜兮。

曾枝剡棘，圆果抟兮。青黄杂糅，文章烂兮。

精色内白，类任道兮。纷缊宜修，姱而不丑兮。

嗟尔幼志，有以异兮。独立不迁，岂不可喜兮？

深固难徙，廓其无求兮。苏世独立，横而不流兮。

闭心自慎，不终失过兮。秉德无私，参天地兮。

原岁并谢，与长友兮。淑离不淫，梗其有理兮。

年岁虽少，可师长兮。行比伯夷，置以为像兮。

诗的开头，屈原借助橘树坚贞不移，只适应南国的气候土壤的特性，来表达自己对祖国的热爱；而"苏世独立，横而不流今"则表明他想坚持自我，不会轻易改变的志向。

橘树有一个天性，就是只适应于生长在南方的土地上，倘若移植到淮北去，叶子虽然相似，果实的味道却截然不同了。橘树的这一特殊习性，在屈原的心目中显得十分宝贵，因为他是一个爱土爱乡的人，就算后来遭谗，也坚决不肯离开这块养育他的热土。屈原找到了自己品行和橘树习性的共同点，歌颂橘树，寄托了自己爱国守志的情感。

听屈原讲解完这首诗的内涵，两人明白了他这是要以这橘树为榜样,抱定了为楚国鞠躬尽瘁并施展才华的决心。无论时局如何变化都始终不改心中的抱负,这是多么伟大的雄心壮志啊!

游历觅得好姻缘

公元前 323 年,屈原 17 岁。他向父母提出了一个大胆的请求:他要一个人出门进行一次游历,以体察风俗民情。在父母看来,屈原的这个请求非常出乎他们的意料,因为屈原在如此小的年纪竟然知道关心百姓的疾苦了。这让屈原的父母感到很欣慰,因而父母欣然同意了屈原的请求。

屈原这次游历的范围是香溪流域。他首先要经由外出乐平里的唯一通道,即有"曲径通幽"之称的七里峡。进入七里峡,就像进入一条狭长的胡同,峡口恰似两扇壁立千仞的石门,石缝中怪石嶙峋。挤出峡口,立刻天高地阔,阳光灿烂,让人心胸开朗——原来屈原已经到了香溪。

香溪两岸都是好地方,自古便多美人才子。那里的姑娘,不能说个个婀娜多姿,但也都被溪水滋养得白白嫩嫩,透着一股子灵气;那里的小伙儿,不能说个个英俊潇洒,但也都被溪水浇灌得壮壮实实,有着逼人的朝气。

顺着香溪岸边游走,屈原遇见了许多这样的姑娘、小伙儿。他们或是在水边洗衣捕鱼,或是在水中嬉笑打闹,个个都淳朴可爱。

一天,屈原乘船来到一个柳暗花明的村庄。这是一个小巧玲珑的村子,村子里的男女老少都身穿节日盛装,奔向一个小广场,屈原也随着人流移动。

广场北边搭起了一座巍峨华美的祭坛,有人告诉屈原,人们这是在祭祀"子嗣之神"的"少司命"。为了迎接少司命的到来,人们在祭坛前面供满了秋兰和蘼芜,这些花草长着清新的绿叶,开着素洁的白花,香气四散,显得是十分清雅。

祭坛下尽管人数众多,但却鸦雀无声,人们全都伸长了脖子,聚精会神地盯着坛上,期盼着少司命的降临。少司命果然不负众望——只见一位荷衣蕙带的美丽女神,轻盈飘忽、悄然无声地降临到祭坛上。她娴雅,秀美,令人肃然敬慕。

屈原仔细观察着这位少司命的一举一动。她举止文雅,对祭坛上的同伴也格外亲和,在面对台下的村民时,她的笑容又那么温暖。屈原想:这位美丽的少司命,修养这么好,浑身还散发着母性的气质,怪不得大家都对她那么恭敬。由她做孩子们的保护神,孩子一定会健康活泼。

少司命现身的时间不长,不一会儿便乘着彩车和众同伴离去了。但是这场祭祀活动给屈原留下了很深的印象,后来他还专门根据此事创作了《少司命》这首诗歌。据说,屈原后来创作的《九歌》,其中大部分素材也都得益于此次的香溪游历。可见,这次游历对屈原来说意义非凡。

在香溪游历了几天后,有一天,屈原想到临行前父亲曾嘱咐他到香溪去拜访一户姓昭的本家。而屈原一到香溪只顾着游玩,完全将父亲的嘱咐抛在脑后了。如果再晚些时间去这个本家府上拜访,或许父亲知道后就要责备屈原不懂规矩了。

说起这个本家,还要从屈原的家族讲起。楚国有三大王族,即昭、屈、景,都是以楚王封地为氏发展而成的。香溪的昭氏与屈原家不仅是世交,还是至亲。屈原的曾祖母是昭氏长女,昭氏现在的当家人是屈原父亲的表叔。

这个昭府在当地十分有名气,府中藏书非常丰富,远近闻名。在屈原起程前,父亲曾再三叮嘱他一定要前往拜访这位姑表祖辈,必要时可以在昭府多住几天,力争满载而归,不虚此行。

昭府坐落在香溪畔的竹岛上,三面环水,一面连陆,是游览避暑的胜地。小岛坐北朝南,一年四季阳光灿烂。小岛半山半坡,濒临香溪环带平原,是湖泊的沼泽地。

小岛的山并不巍峨,却茂竹修篁,密不见天,所以叫竹岛。竹篁之外,还有樟、楠、梓、檀、橘、柚等杂木和果木,奇花点缀林间,异卉树下<u>丛</u>生,珍禽在林间唱和,奇兽追逐嬉戏,一派勃勃生机的景象。

经过详细询问,屈原来到了昭府。昭府建立在向阳的山坡上,它的范围甚至超过了三个村庄的大小。庄园的围墙顺着山势而走,远远望去就像蛇舞龙腾,十分壮观。

围墙之内,亭台楼阁,厅厦轩斋,回廊曲坊,鱼池荷塘,都依山而建,所以整个庄园眉目清晰,层次分明。

看到这些,屈原由衷地觉得,昭府真是大户人家啊!不过,从小生于贵族人家的屈原,并不十分羡慕这些,他更好奇的是昭府会有哪些藏书,昭府的当家老爷子是不是真像旁人所说的那样满腹经纶、学富五车。

说起昭老爷子昭明晖,他在当地是个声誉很高的人。他早年曾入朝为官,晚年告老还乡之后就专心研究学问,还收了许多学生。目前他年事已高,所教授的学生又个个都有了出息,他就不再为学生们费心,每天只管管府里的事情,乐得清闲。

昭老父子听说有位品德、相貌出众的本家晚辈要来拜

访，非常高兴，连忙让家丁将人请进来，还特地吩咐下人准
备好酒好菜为亲人接风洗尘。

二人寒暄过后，昭老爷子便很快从问候屈府老太太与
屈原父母等话题转移到屈原身上。屈原的睿智与学识，昭
明晖早有耳闻，今日一见，果然名不虚传。在他们整个交
谈过程中，老人时而啧啧称赞，时而拍案叫绝，最后他以孔
夫子的"后生可畏"作为总结。

虽说十多年来昭明晖不再过问世事，但目睹国君昏
庸、国政腐败、国势日衰的现状，难免时常忧国忧民，暗自
悲叹。经过与屈原长时间的交谈，老人不禁眼前一亮，胸中
的郁结渐渐消散。他在暗自思忖：莫非这就是上天赐给楚
国的栋梁之材？楚的振兴可否寄托在这位后生身上呢？
他不禁浮想联翩。

长时间交谈之后，昭老爷子招待屈原用饭，并安排屈
原在昭府住了下来。屈原本来就打算多留几天，除了想看
看昭府都有哪些藏书外，还想留下来向昭老爷子多请教些
学问。

在昭府，昭老爷子和屈原相处了些时日，他觉得屈原
是一个有上进心的人，屈原对书的热爱是他在众多弟子中
从未见过的。

此外,屈原对治国平天下的看法,更令老人家刮目相看。老人虽然十多年不问世事,但当他听到屈原讲述朝中奸臣当道、百姓身处水火、楚国日渐衰败的现实时,也难免有些担忧。

谈到激动处,老人甚至掩面而泣,屈原也跟着流下眼泪。他们时而嬉笑怒骂,时而放声高歌。从屈原的言谈中,昭老爷子看出这是个忧国忧民的好少年,如果能好好加以引导,将来一定能够成为楚国的栋梁之材。

在近百名家族成员中,昭明晖最钟爱的是小孙女昭碧霞。碧霞有着如花似玉的容貌、过目成诵的聪慧、通晓古今的渊博知识。她娴于辞令,琴棋书画无所不精。她还有着尊老爱幼的美德,矢志不渝的操守,宽容大度的胸怀,温柔缠绵的性格,矜持不苟的风度。

一位闺中少女能够如此尽善尽美,怎么能不令人敬爱!因此,慕名而来登门求婚的人不计其数,但昭明晖却一直没有选中合适的。

而今,天赐良缘,屈原突然造访,老人一见便很中意,心中暗喜,这真是"踏破铁鞋无觅处,得来全不费工夫"。老人坚信自己的判断:屈原与碧霞是天生的一对,二人相处,一定如磁铁相吸、似胶漆相爱。

屈原在昭府的这些日子里,每天起早贪黑地到藏书楼去苦读,翻阅查找自己所需要的一切资料,边读边记,孜孜不倦。

有一天,屈原正在藏书室内读书,忽然家仆进来说:"屈公子,我家老太爷请你到他的书房去。"屈原一听,赶紧放下手中的书起身前往。

走进昭老爷子的书房,屈原看到屋内还站着两个人——一位雍容华贵的妇人和一位美丽动人的少女。只见这妇人一身华服,头上戴着漂亮的发饰,眉目慈祥,笑起来十分亲切;这少女跟这妇人长得有些相像,不过比妇人清瘦,衣着也比妇人穿得清素一些,让人一望便觉神清气爽。

见屈原望着这两个人不知道怎么开口打招呼时,昭老爷子赶紧介绍说:"这两位是我的儿媳和孙女,小孙女叫碧霞,就是你那些表兄妹们常常挂在嘴边的小才女。"

屈原听罢,连忙上前拜见妇人,又向妇人和小姐介绍自己的姓名及与昭府的关系。妇人听罢,笑着说了些客套话,小姐倒是笑笑没开口。

屈原刚才不知道那两个的身份,因而不敢盯着两人多看。现在仔细看来,这位小表妹长得真是漂亮可爱。她个头高矮适中,身体匀称,体态轻盈,笑容清浅,额首低眉地站在那里,显得极其端庄典雅。

再看小表妹那满头秀发,如瀑布般垂在肩上;一双柳叶眉,描抹得似两弯新月;两只大眼睛,清澈如湖水;一对小酒窝,不笑也好看。这样的女子,看起来真是楚楚动人,屈原看得有些着迷。

碧霞母女到郢都省亲刚回来,昭明晖就请屈原来见。他向儿媳和孙女说明屈原的来意,命碧霞从第二天起,照料屈原的饮食起居,与屈原一起到藏书楼去查阅资料、抄录简牍,兄妹共同完成这项前所未有的浩大工程。碧霞唯唯听命,心花怒放。

屈原与伯母离去之后,昭明晖又留碧霞坐了一盏茶的工夫,向孙女吐露了自己的隐衷。碧霞听了,含情脉脉,笑而不答。

从此,碧霞成了屈原亲密的伙伴,除了夜间睡眠,俩人几乎是朝夕相处,形影不离。碧霞小屈原两岁,他们都处于情窦初开的年龄,这样一对佳人朝夕相伴,久而久之,自然胶合漆黏,难分难离。

可世上没有不散的筵席,十月下旬的一天,屈原要告别昭府回家乡。头天夜里,昭明晖给屈伯庸写了封长信,信中详细地叙述了屈原这次驻足昭府的情形以及迟归的原因,大大称赞了屈原的聪慧与刻苦攻读的精神,描绘了屈原同碧霞的交往与爱情,明确表示想要成全这美好姻缘,让屈昭两家亲上加亲,永结秦晋之好。

之后,屈原登上帆船,船离开了溪岸。他回到家中,得知父亲外出,便让人将书信送到郢都。屈伯庸启封拜读后,受宠若惊,欣喜若狂,急忙请假回到家中,为屈原操办六礼文定之事。

锣鼓震天,鞭炮鸣响,喜事临门。屈原与碧霞成亲的日子终于到了。两位新人在父母及亲朋好友的见证下结成连理。从此之后,他们过着夫唱妇随,琴瑟相和,赛过神仙的日子。

修身、齐家、治国、平天下,前两者屈原都已圆满完成了,他今后最大的任务就是安心研究他的治国之道,为早日实现自己伟大的抱负而努力。

第二章

登上仕途

获得帝王的赏识

生逢乱世，想要过安稳的日子，对屈原来说是一种奢望。天下七分，人人都懂得弱肉强食的道理，所以各国不断地掀起攫财略地的战乱。就拿秦国与楚国来说，秦强楚弱，秦兵便时不时地到楚国边境滋扰生事，弄得楚国终日人心惶惶。

屈原的家乡乐平里距离归州大约 80 里（1 里合 500 米），那里西通巴蜀，北连雍州，是四通八达的交通要道，也是兵家的必争之地。正因如此，那里常发生战乱，祸及周围的百姓。

秦国士兵及流寇是骚扰乐平里的常客，他们一到那里便烧杀劫掠，无恶不作。他们抢粮食、劫财物、赶牲畜、捉壮丁、虐妇女、杀老幼，简直狠如豺狼，恶如虎豹。那些被袭击的村落一时间天昏地暗，哭声震天，血流满地，惨不忍睹。

不过，压迫越深反抗就越激烈，楚地的百姓从未间断过对暴秦的抵抗。刚开始，受欺压的百姓还希望政府能为他们出头，惩治行凶的秦兵恶贼，但是当时国君昏庸，官员无能,根本就不把百姓的生死放在心上。因而,被逼无奈的百姓只得揭竿而起,自发组织抗秦队伍。

公元前321年,屈原19岁。他组织起了抗秦民众,并很快成为乐平里的抗秦领袖之一。屈原平时爱读兵书,对《孙子兵法》中的计谋了然于胸,在抵抗侵略时常常将秦兵打得落花流水。除了读书之外,屈原还十分热爱习武。他臂力过人,年纪轻轻就练了一手好剑法。这样的文武全才,自然深受大家的拥戴。

在抗击秦兵时,屈原主张迎头痛击,不躲闪,不退让,给秦兵以致命的打击。他组织的队伍,不收胆小的人,不收老弱残兵,不收家中独子,只要那些年轻精干、敢打敢拼、心无牵挂的人。因为只有这样的队伍,才能敌得过如狼似虎的秦兵,才能真正保护妻儿老小不受侵害。

屈原常常想,当年楚国也曾在楚庄王的努力下称霸天下,也曾谱写过光辉灿烂的历史。可如今为什么会积贫积弱,沦为任人宰割的羔羊呢?说到底,还是官员贪污腐败,君王不思进取,糊弄百姓所致。所以,只要君王能够励精图治,官员能够为民请命,那么楚国重振雄风便指日可待了。

屈原分析,从当下的形势来看,秦国兵力最强,齐国民众最富,楚国疆土最大,这三国都具备统一天下的条件。

作为一个有理想有抱负的年轻人，作为黄帝后裔的楚国贵族，屈原当然希望自己的国家能够完成这一历史使命。所以，他认为带领民众进行强硬的反击是明智之举，也是强楚的策略，更是统一天下的预备战。

带着这样的梦想，屈原领导他的队伍打了几场漂亮的仗，给骁勇善战的秦军以沉痛的打击，也让那些年对秦兵骚扰无可奈何的楚国国君和官吏注意到了这个颇有能力的年轻人。

于是，在百姓极力拥戴的呼声中，楚怀王颁下诏书，召屈原进京为官，并许诺委以要职。

接到诏书后，屈原并没有和大家一起把酒庆祝，而是将自己关在书房里查阅相关的历史典籍。他要重新温习一下商鞅、李悝、吴起等人的变法经验，为进朝见君王做准备。

从小便忧国忧民的屈原，梦想着有朝一日入朝为官后重整朝纲，整顿官员腐败、君王懒理朝政的习气。因而，他每天读完那些记录治国之道的书籍后，都会伏案总结到深夜。如今，努力积累的知识终于要有用武之地了，屈原自然要抓紧时间来温习。

屈伯庸得知儿子即将被楚怀王重用，显得尤为激动。

他当即把儿子叫到面前,语重心长地嘱咐道:"儿啊,我们屈氏一族为国君本家,都是黄帝后裔。你如今被楚王看中,一定要好好表现,不能丢了屈家的脸。"

屈原听后,拼命地点头。屈伯庸接着说道:"为父知道你性格耿直,但也要懂得伴君如伴虎的道理。凡事不能硬来,既要懂得直言进谏,也要顾及君王的颜面。你一定要以先祖们为榜样,做一个对朝廷尽忠,为百姓谋福的好官。"

听到这里,屈原已经满含热泪了。流泪不是因为他即将离开最敬爱的父亲,而是父亲的一席话,句句都说到了他的心坎里。果然知子莫若父,他的性格,他的抱负,他的坚持,即使不向父亲说起,父亲也都知道。

屈原突然"扑通"一声跪倒在地,向父亲磕了三个响头:一是感谢父亲的养育教诲之恩,二是感谢父亲的理解之意,三是惭愧今后不能为屈家分忧。磕完头之后,父子二人热泪盈眶,相拥道别。

进朝的前一天晚上,那些平日受过屈原恩惠、敬佩屈原为人的乡亲们都来到屈府同他道别。乐平里的乡亲是热情朴实的,他们个个都不空手送别,有的为屈原带来了路上吃的食物,有的为屈原赶制了一两套御寒的衣服,有的还投其所好地将家中的藏书送给屈原……

看到乡亲们的一片真心，屈原感动得说不出话来，只是不停地感谢。

看屈原如此感动，一个乡亲就说："好了好了，屈少爷是要进朝为官，又不是去上街讨饭，大家高兴点儿。我问问屈少爷，你这次进朝，都为君王准备了什么奇珍异宝做见面礼呢？"

听了问话，屈原努力控制了一下情绪，回答道："大家都知道我们屈府是败落贵族，哪有什么奇珍异宝献给君王啊！我带的礼物就是我满腹的学识，还有这一腔报国的热血。"说完屈原自豪地拍了拍胸脯。

大家一听，连忙拍手鼓掌，连声称赞。这样一来，屈原反倒觉得不好意思了，心想可别被大家认为自己骄傲自大。其实，大家并没有觉得屈原骄傲自大，反而认为他意气风发、朝气蓬勃，是楚国振兴的希望所在。

第二天，屈原带着简单的行囊出发了。就像上次游历香溪一样，他独自一人乘着小船，没有带一个家仆。他已经习惯了独来独往，习惯了一个人在旅途中思考问题，习惯了一个人平复内心的紧张情绪。

这次去郢都,一切都是未知数,屈原不想对前途抱有太大的奢望,他只想尽力而为,早日实现他振兴楚国,福及百姓的抱负。

初次入朝面君

这是屈原第一次进宫，他心中不免有些紧张，但看上去也还算落落大方。宫中气象非凡，殿宇高大森严。楚怀王正襟危坐，头上戴着冕旒，武士和宫女侍立两旁，十分威严。

行礼赐座之后，楚怀王打量着屈原，见他一表人才，心中十分欢喜，但又觉得他年纪太轻，未必有什么经国济世的才能，只是有点儿虚名罢了。不过既然已经让他来了，就和他聊聊作为消遣吧。

"听说你的学识非常丰富，今天寡人想和你讨论国家大事，不知你是否有这方面的知识呢？"

"只是不知道大王需要的是真货还是假货？"屈原从楚怀王的话音中听出了一些轻蔑的味道，便反问道。

"此话怎讲？"楚怀王诧异地说道。

"不知大王可否知道我们楚国有个和氏璧的故事？"屈原没有正面回答，却提出了一个新问题。

楚怀王最喜欢美玉，和氏璧是一件无价之宝，就藏在宫中,他时常取出来把玩,怎么可能不知道呢?但是关于和氏璧的来历,他却真的一无所知。不过,为了个人的尊严,他不能说"我不知道",而是采用了考一考对方的方式应对。

"那你说说看!"

屈原便有声有色地讲述了下面这个故事:

楚厉王在世时,有个人名叫卞和,他在山中找到一块璞玉,便拿去献给厉王。厉王让玉工辨识,玉工说是普通的石头。厉王大怒,以欺君罪断了卞和的左足。等到厉王去世,武王即位,卞和再次去进献,仍被玉工断定为石头,结果又被以欺君罪断了右足。

文王即位,卞和抱着这块璞玉在荆山之下哭泣,并且哭得很伤心。文王听说后,心中不忍,派人去问他是不是因失去了双足而难过。他回答说:"不是的,我难过是因为明明是宝玉,却被不识货的人说成了石头;明明是忠贞之士,却受人误解,被当成了骗子。"

文王听了卞和的话,立刻命人把那块璞玉剖开,果然得到一块精美绝伦的宝玉。

故事讲到这里,屈原顺势说道:"大王,臣所担心的是,在这里进言会不会也得到卞和同样的下场。"

楚怀王听着,偷偷望了这年轻人一眼,心想:"他还挺厉害啊。不过能讲个故事还算不上有什么学问。"于是,他又继续考查屈原:"年轻人,你放心吧,凭我的心智,不会误解,更不会冤枉任何人。要知道,我们楚国的公族是了不起的。那么,你能告诉我关于公族的一些事吗?"

屈原一听,正好,自己本来就想从这里说起呢,于是把声音略微提高了一点。

屈原从颛顼帝讲起,讲到重黎、鬻熊和楚庄王,讲到楚国的来历,以及楚国是如何发展壮大的,而后讲到当下楚国的局势。

屈原说得兴致勃勃,楚怀王也听得津津有味。说来可笑,这位君主竟然对自己的家族史全然不知,听别人讲起来还觉得很新鲜。楚怀王听到楚庄王称霸的事后,十分感兴趣,心想如果自己能登上霸主的地位,那该有多威武呀!于是顾不得尊严,急切地向屈原发问了:"那依你看来,我们楚国是怎样强盛起来的呢?"

屈原一听,这问题提得太好了,真是求之不得呢,自己可不要错失良机呀!"那是因为我们的先君懂得为君之道啊。"屈原朗朗地答道。

"什么？为君之道？君主为一国之尊，有令则行，有禁必止，全国上下都要拥戴他。自古以来只有为臣之道、为民之道，哪有什么为君之道？"楚怀王说起来似乎振振有词，其实古训他一点儿也不知道。

"大王，依您看来，夏桀、商纣为什么会失天下，成汤和文王、武王为什么会得到天下呢？"

楚怀王沉吟不语，思索起来。屈原仍然抓紧时机。

"夏桀、商纣荒淫暴虐，失去了民心，也就失去了天下；成汤、文王和武王贤明仁惠，得到了民心，也就得到了天下。这里不就有一个为君之道吗？"

楚怀王听到"失天下"三字，心中不觉一惊，听到"得天下"三字，又不觉为之一震，心想这里面还真的大有文章啊！对于这些帝王，楚怀王不能说一无所知，但由于终日沉湎于声色犬马之乐，没有心思了解个究竟。他被屈原的话引起了兴趣，很想知道详情，又不愿暴露出自己的无知，便依然用高居人上的口气说话："好，那你就把他们的事在这里说一说，寡人倒要看看你知道多少。"

屈原拱了拱手说："大王，如果你不介意，为臣就饶舌了。"接着便滔滔不绝地讲了起来。

屈原把夏桀和商纣的荒淫与残暴的事件一一列举出

来,讲完后他把目光转向楚怀王。

"大王,夏桀、商纣不听忠言,最后落得身败名裂的下场,都是因为他们不懂为君之道,您说是吗?"

楚怀王听着屈原讲的故事,心头不时地怦怦直跳。他从往日那种无忧无虑、纵情享乐的日子中仿佛看到些什么值得忧虑的东西。

"屈原啊,夏桀、商纣果然无道,那么有道之君又是怎样的呢?"

大王问得好呀,楚国的希望也许就在这里了。屈原这样想着,便接着说了下去。

屈原将圣君唐尧爱民如子、商汤仁慈的故事讲给君主听。同时他也阐述了君主的责任,以及君道即安抚、保护百姓的道理。

楚怀王边听边频频点头,可是他也有疑问:"君主的责任如此重大,一个人如何担当得了呢?"

"所以做君主的就要善于任用贤臣。周公在辅佐周天子时,十分重视招纳天下贤士,只要是有才能的人,到他那里就会受到礼遇。他正在吃饭时,听说有贤士来到,来不及嚼完嘴里的食物,赶快吐出来去迎接。他正在洗头时,听说有贤士来访,他来不及洗完头,就暂时挽起发来起身相迎。

有时接待活动频繁,他吃一顿饭就要吐上几次东西,洗一次头就要挽上几次头发。在 7 年当中,周公以师礼相待的布衣之士就有 12 人,亲自到穷巷茅屋中去访问的有 49 人,经常给他进善言的就有 100 多人。"

楚怀王越听越觉新鲜,也越感吃惊。"难道贫贱的人家也能出才智之士吗?"他忍不住问道。

屈原没想到谈话竟然完全顺着自己的思路走,他心中很兴奋,便略略直起点儿身子,稍稍提高点嗓音说道:"一个君主是真的好贤还是假装好贤,这恰恰是一块试金石。诚然,名门贵族的子弟,读书的条件优越,出了许多优秀的人才,但是不学无术的纨绔子弟也不少。"

屈原见怀王面有愧色,便转了话锋说了下去:"贫寒人家条件不好,可是他们的子弟大多好学上进。所以,山野之间常常是藏龙卧虎。自古以来,贤臣发迹于岩穴之间的例子比比皆是。"

接着,他给楚怀王讲了商汤数次访农夫伊尹,文王请渔夫姜尚,以及筑路劳动罪犯傅说助商高宗武丁复兴的故事。

　　楚怀王满怀兴致地听着,屈原却略作停顿,像是在稍稍理一理思路,以便把这一切总括起来。

　　"大王,仁民是为君之道的第一要义,尊贤便是为君之道的第二要义,千万不能忽略。"说着屈原抬眼望楚怀王,而不知何时楚怀王已走到屈原身边。

　　原来,古人席地而坐,坐时两膝着地,臀部落在脚跟上。怀王听得入了神,不自觉地两腿向屈原那边移过去了。

　　楚怀王越听越觉得这个年轻人有学问,现在轮着他向屈原拱手请教了。

　　"先生,"楚怀王开始这样称呼屈原,"你说的这些古圣先贤,果然令人钦慕,可是,我们楚国有这样的君主吗?"

　　之后,屈原给楚怀王讲了楚庄王多方访求贤才,发现孙叔敖,任命他为国相,协助楚庄王成就霸业的故事。

　　楚怀王越听越有味,不觉地脱口而出:"你就是寡人的'孙叔敖'呀!"

　　时光易过,天色已晚,屈原告退回到了寓所。

　　屈原回到寓所,十分兴奋,楚怀王那句"你就是寡人的'孙叔敖'"一直在他耳边回旋。他庆幸自己刚踏上仕途就有一个良好的开端。尽管他发现楚怀王浅陋无知,甚至有些颟顸,说不上是一个明君,但是他器重自己,只要他肯用贤臣,听信忠言,楚国还是大有希望的。

彻夜畅谈变法之事

到朝中第三天的傍晚,有内侍召屈原前往兰台之宫,这是楚国历代国君学习和工作的地方,类似后世的书斋。

兰台之宫坐落在楚宫的西北角,虽然偏僻,却十分幽静。这是一处玲珑别致的院落,院内有亭台水榭,中间有假山,花木枝叶茂盛,有园林的盛状。

进了院门,便到了"兰台之宫"匾额下。这是一座二层楼阁,木质结构,飞檐斗拱,十分有气势。屈原跨进门槛,室内藏书十分丰富,陈列井然,摆放有序。

书案之外,有漆器、陶器、珠宝、古玩,全都闪耀着光芒。地上铺着红席,席上放置案几,几上有笔、墨、刀、简等可供书写。楚怀王端坐在案几后,正全神贯注地读着一本书简。内侍禀报过后,屈原行大礼参拜:"布衣屈原,拜见圣上,祝陛下龙体康泰,大楚国强民富!"

楚怀王急忙欠身,算作答礼,同时满脸堆笑地说道:"屈爱卿免礼平身。"说着便挥挥手,让内侍退下。楚怀王十分尊重这位英俊潇洒的青年的意见,今晚只有他们君臣二人在场,作一次彻夜畅谈。

见屈原手足无措,为缓和气氛,楚怀王站起身来,倒背双手,在室内踱来踱去。他那图案繁杂、色彩斑斓,以红色为主调的宽大绣袍飘飘然。他转过身对屈原说:"这里只有你我二人,今夜你我废除一切君臣之礼,对几而坐,促膝长谈,不知爱卿意下如何?"

屈原闻言,简直不敢相信自己的耳朵,不敢正视面前这位大国之君。"废除一切君臣之礼""对几而坐,促膝而谈",这难道是真的吗?屈原反而越发拘谨起来。

楚怀王走回几案,弯下身抓起玉盘中的一只蜜橘,说道:"屈爱卿,朕读过你的《橘颂》,咏物言志,以昂扬的笔触细腻地描绘了橘树的'内美'与'外修'。这是爱卿自身高尚人格和美好品质的追求与体现,足以见得爱卿磊落的胸怀与高风亮节的情操。"

楚怀王将手中的蜜橘剥开,递给屈原一半,微笑道:"屈爱卿,现有橘子在案几,我们为什么不品橘而言志呢?"

楚怀王说着,自己先在案几后坐下。屈原见状,毫不犹豫地也坐了下来。君臣二人,对几而坐,促膝交谈。

楚怀王说:"朕料定,爱卿所言,早已经成竹在胸,请尽情倾吐,言者无罪,朕当洗耳恭听。"

屈原奉命，尽情倾吐起来。他本来就娴于辞令，再加上他已经做了充分的准备，正如楚怀王所言，"早已成竹在胸"，又解除了一切束缚和戒备，便滔滔不绝起来。

屈原首先论述了当时天下的局势：

> 如今七国争战的目的，已经不再像春秋时代那样为了争夺霸主，而是要在全国范围内建立起统一的政权。一个统一国家的出现，正是历史发展的必然趋势。
>
> 当今最有条件统一全国的是秦国与楚国，因而楚国便成了秦国进攻的主要对象。在这种形势下，楚国只有与齐国结成联盟，才能与秦国相对抗。然而，外交上的策略固然重要，但最关键的却是国内政治制度的改革。

为了说明改革政治制度的必要性和重要性，屈原将七国作了横向对比，并回顾了各国发展变化的历史：

> 韩、赵、魏三国，都曾经强盛过一时，尤其是魏国。魏文侯以老师的礼节相待卜子夏、田子方、段干木，重用李悝、乐羊、西门豹、吴起等人实行经济、政治制度

的改革,一度成了当时最强盛的国家。后来,由于改革未能贯彻到底,再加上所处地势不利,战争频繁,在秦国不断攻伐下,逐渐衰弱下去。他还讲到韩国与赵国在变法改革中是如何强盛起来的。

赵国僻处北方,所受战祸较少,举国致力于开拓东北的疆域。齐国因历史悠久,文化底蕴丰厚,一直保持着东方大国的地位。

数十年来,以田氏为代表的新兴势力在迅速发展,控制了齐国的政治、经济、军事大权,使齐国渐渐强大起来。在田氏代齐之后,周安王十六年(前386年)田氏正式列为诸侯,齐国的势力仅次于秦楚两大强国。这些新起的列强,都在觊觎着楚国。

秦国地处西北,本来十分落后,人称"牧马贼"。秦孝公元年,由于当时经济发展的要求,中原各国进步的社会经济和文化的影响以及秦孝公远大的目光,秦国实施"振孤寡,招战士,明功赏"的政策,并下令求贤。

周显王十年(前359年),秦国任用商鞅变法,奖励发展农业生产,大力提倡勇武战斗的精神。政治、经济上的巨大变革,促使社会生产力迅速增长。十年之后,秦民大悦,道不拾遗,山中无盗贼,家给人足,人民勇于攻战,怯于私斗,乡邑大治。

秦孝公卓有成效的变法之后,秦惠文王在先君变法致强的基础上继续发展。这样一来,国富兵强,锐意扩充的秦国,就成为六国的最大威胁。

秦国不仅兵强粮足,而且国君高瞻远瞩,老谋深算。秦国依照预定的计划,首先用全力攻打魏国。魏国屡遭惨败,失去河西地方的方圆700里国土,被迫迁都大梁。自此以后,国势大衰,将霸业让给了东海之滨的齐国。

齐国距秦国远,不会直接妨碍秦国向东发展的路径。自此,秦国就在攻打韩国、赵国方面打开了一条通道。魏、韩、赵被灭之后,秦国便以全力对付齐国和楚国,妄图鲸吞。

见楚怀王听得津津有味,屈原将话锋一转,又讲起了楚国在成立之初的光辉历史,为的是提升楚怀王的自豪感,增加他对统一七国的信心。屈原说:"大王若想重振祖先声威,就应该明白创业的艰辛,要努力使百姓衣食无忧,国库充盈;使军队充满斗志,兵强马壮;使政治清明,官员奋发。而这些都受到变法改革的影响,而变法改革是否彻底,更决定着楚国的兴衰成败。"

见楚怀王对变法改革的观点有些犹疑,屈原又以本国历史上的改革事实为例,向楚怀王阐述了变法的重要性。他讲了楚庄王十分崇尚法治,王子犯法与庶民同罪的事例;讲了楚悼王时,吴起实施变法,一年之后就卓有成效,楚国傲视中原的事实。

听完屈原的这番定论,楚怀王连连点头称是。见楚怀王已认识到法治的重要性,屈原乘上追击,说明楚国在变法改革上有很大的优势,更有很多可以借鉴的先例。

漫漫长夜,转瞬即逝。从当时的天下局势,到楚国以往变法的实例,再到点明楚国振兴变法所起的重要作用,以及现在实施变法的优势,屈原整整讲了一夜。

这一夜时间里,除了饮水、吃点心、上茅房,屈原的嘴从没有停歇过。讲起事关楚国兴衰存亡的变法改革,屈原激动异常,兴奋不已。他没有一丝疲倦,唯恐自己的一丝懈怠影响此次与怀王长谈的结果。

事实上,楚怀王已经被屈原说服了,没等屈原讲完,他的内心就已升腾起变法改革的火焰,甚至想要尽快干出一番惊天伟业。于是,楚怀王让屈原尽快将变法改革的事项了解清楚。他让屈原在宫中除了读书学习外,也要尽量与大臣们多多接触。

也就是说,经过这一夜的长谈,屈原的才能已经被楚怀王认可了,他实现变法改革的梦想也指日可待了。

被楚怀王委以重任

屈原的到来,对尚有一丝成就千秋伟业热望的楚怀王而言,就像春日的一缕清风,吹得他精神倍增。

楚怀王身边大多是些浑噩无能或是腐朽奸诈的人,从来没有人像屈原这样催楚怀王奋进,也没有人向他分析过楚国目前惨淡的处境,更没有人教他如何自立自强,不靠谄媚暴秦度日。

一时间,楚怀王非常倚重屈原,每日不见他就觉得浑身不自在,唯恐自己又回到以往那种不思进取的生活中去。

经过初次见面以及那晚的彻夜长谈,屈原已被楚怀王认定为不可多得的人才,再加上他与楚怀王是同族本家,更是深得楚怀王的喜爱。

楚怀王很快便任命屈原掌管王室宗庙事宜,还将培养教育太子熊横和幼子熊子兰等王族子弟的重任交托给他。受楚怀王如此器重,屈原自是喜不自禁,他决心尽心竭力地为楚国效力,绝不辜负怀王对他的信任。

屈原掌管宗庙事务根本不用花太多心思,自有许多经验丰富又善于巴结上司的下属为他排忧解难。若说起真正不辜负楚怀王信任,还是要说屈原在教育太子时所付出的心血。

当时,太子年少,虽然聪明伶俐,但玩心很重,根本无心学习。那些平日里围在他身边的老先生,个个都捧着他、惯着他,只要太子高兴,恨不得天天舍命陪他玩,以至于学业都荒废了。因此,怀王每每考问太子功课,都失望至极。

而今,由屈原担任太子的指导老师,上课风气完全不同。屈原爱整洁,在太子面前总是一副儒雅打扮,浑身散发着让人倍感舒服的幽香。屈原博闻强识,讲学时常引经据典,时而还会讲一些有趣的小故事,因此,太子的注意力完全被屈原吸引住了。

与以往那些教太子读书的老师不同,屈原在太子面前纵谈国家大事,将在楚怀王那里说过的话对太子也说了一遍。太子是日后楚国的继承人,可是之前的那些老师似乎都忽略了提早教太子接触国家大事。

对于屈原的观点,太子非常赞同,甚至说出一些自己的看法。屈原由此发现,太子并非如楚怀王认为的那样不思上进,而是在不当教导下变得自暴自弃了。

在屈原的引导下,太子开始勤奋读书,渐渐关心国家大事。在与楚怀王交流时,太子竟也能侃侃而谈,出口成章,所论时政句句贴合楚怀王心意。看见太子有如此大的长进,楚怀王自然对屈原赞赏有加,而且也对屈原越来越信任了。

在楚怀王看来,一个肯认真教未来储君读书学习的人,绝对不会是一个害君误国的贼子。于是,每当楚怀王在处理朝政遇到难题时,总会把屈原叫去,听听他的看法。

有一次,大臣们在讨论一桩闹得很大的秦兵扰民的冲突事件。一方大臣认为,秦兵扰民已久,百姓反抗也在情理之中,这起冲突事件中秦兵损失惨重是咎由自取,楚国无须给秦国交代。

而另一方大臣则认为,秦强楚弱,不能为了几个百姓得罪秦国,必须主动向秦国示好道歉,严厉惩治那些杀害秦兵的乱民。两方大臣,公说公有理,婆说婆有理,弄得楚怀王举棋不定,烦躁不已,在一片争吵声中怒斥退朝。

下朝之后,楚怀王仍旧非常生气,在书房中摔杯扔碟,不住叹息。忽然,他想起了那个总有不同见解的屈原,便赶紧命内侍将他找来。

屈原认真听楚怀王复述完朝堂上的事情之后，不紧不慢地问道："不知大王对此事看法如何呢？"

楚怀王气呼呼地回答道："我当然不乐意向秦国赔礼道歉了，本来就是他们欺负我楚国百姓，理亏在前，凭什么恃强凌弱让我们认错呢？"

屈原听罢，哈哈大笑，并说道："大王，您既然有这番见解，又何必为大臣们的争吵而生气烦心呢？您才是楚国的一国之君，凡事都由您做主。您有自己的想法，有自己判断是非的标准。认为对的事，您就要毫不犹豫地去做，错的事就要坚决否定。再说，秦国欺凌我楚国百姓已经不是一天两天的事了，如果我们一直这么纵容秦国，它势必更加猖狂，会认为我们楚国国君软弱无能，我们楚国的臣子尽是些酒囊饭袋，我们楚国的百姓就是待宰羔羊，任人鱼肉。那么，我们何时才能国富民强，何时才能重振楚国的声威，何时才能实现统一六国的宏图大业呢？"

屈原的一席话，如醍醐灌顶，令楚怀王如梦初醒。

第二天上朝，楚怀王像变了一个人似的，第一次在一片争执中拍板裁决，说楚国坚决不向秦国赔礼道歉。这次的裁决干净利落，完全不似之前那样，任由辩论胜出的大臣对他指手画脚教他怎样做事。

看着堂下突然震惊得鸦雀无声的大臣,楚怀王心中有说不出来的快感。这天下朝后,他几乎是一路哼着小曲回寝宫的。他没有想到,自己做主裁定国家大事的感觉竟是如此美妙。他甚至还有些生自己的气,气自己之前为什么那么没有主见,为什么在大臣面前那样软弱妥协,使自己丧失了这么多年从政的快乐。

再次召见屈原时,楚怀王将自己这次的感觉对他说了一遍。他问屈原这究竟是怎么一回事。

屈原告诉他:"大王,您终于懂得如何行使您作为国君的权力和特权了,这是一件多么令人欢欣鼓舞的事情啊!您怎么会感觉不美妙快乐呢?"

是的,楚怀王终于找回了自己作为国君的权力,更挽回了他作为国君的尊严。

由此,楚怀王更加信任和器重屈原。政务繁忙的时候,他便隔几天召屈原谈话。而闲暇时则日日召屈原促膝谈心。对于太子等王族子弟,他更是完全放心地交给屈原教导。楚怀王甚至还许给屈原批评指责太子的特权,而且再也不像从前那样临时突击检查太子的功课了。

　　"近朱者赤，近墨者黑"，现在的楚怀王，就在经历着这种变化。那么，楚国会不会因为屈原的努力、楚怀王的转变而发生大的变化呢？这是楚怀王偶尔静下心来会思考的问题，更是屈原一直在尽心实现的愿望。

出色的外交才能

经过与屈原长期的相处,楚怀王对他的印象越来越好了,总是毫不避讳地在众人面前夸赞他博闻强识,娴于辞令,颇有治国的才能。

楚怀王还打算封屈原一个官职,让其与其他大臣一起商议朝廷政事。经过深思熟虑后,楚怀王最终决定任命屈原为"左登徒",简称"左徒"。此官职位列三公,地位仅低于"令尹"。这样,屈原便可以真正为怀王分忧解难,出谋划策了。

在与屈原相处的这段时间里,楚怀王一直做着霸主的美梦,似乎忘记了与屈原彻夜长谈的内容。有一天,他召屈原觐见,劈头便提出外交关系的事。

他对屈原说:"这几天我盘算着,要想称霸,就得搞好外交关系。前一阵有个苏秦,说'合纵'怎么怎么好。这一阵有个张仪,又说'连横'怎么怎么好。屈大夫,究竟是'合纵'好,还是'连横'好呢?"

屈原回答道:"要制定外交政策,须研究天下的形势。

当今之际,大王以为对楚国威胁最大的是哪个国家呢?"

"自然是秦国。秦国东有关河,西有汉中,南有巴蜀,北有胡貉,沃野千里,兵甲百万,连年来东征西讨,所向无敌。"楚怀王说。

"可是,大王,臣曾经勘察过地图,函谷关以东六国之地加在一起,超过秦国万里有余。六国的军队加在一起,多秦国十倍。如果六国能够联合起来,并力西向,秦国将难以抵敌,恐怕要愁得连饭也吃不了呢。"屈原说。

楚怀王说:"这么说你是赞成'合纵'啦?"

"苏秦的'合纵'确实有可取之处,但是我们要吸取苏秦失败的教训,用利弊打动各国君王,不计小利,不起内讧,共同抗击强秦。"屈原说。

"那你就替我去游说诸侯,联合起来对付秦国吧。不过,这和寡人的霸业又有什么关系呢?"楚怀王说。

屈原听了,心中不觉好笑,原来楚怀王关心的不是富国强兵,而是为了满足自己的虚荣心。不过,屈原转念一想:这样总比终日沉湎酒色不理朝政要好得多。原来天下有几十个诸侯国,如今只剩下 7 个,那些亡国之君不都是因为荒淫而导致国家倾覆的吗?为了我们的祖国,为了我们的人民,我不能不竭诚去辅佐大王呀。想到这里,一种崇高的使命感在屈原心中升起。

"大王,只要我们把山东诸国都团结起来,对抗强秦,凭大王的英明,不就是当之无愧的盟主了吗?"屈原只好这样去迁就他。

楚怀王听到"英明"和"盟主",心痒难耐,连声地嚷起来:"好!好!那么,你先到哪国去游说呢?"

"依臣之见,应当先去齐国。六国之中,楚齐最大,这两个国家团结起来,形成一个核心,才能吸引其他四国前来参加我们的联盟。"

楚怀王又连声说道:"好!好!"接着拍了拍脑门,"那你何时动身呢?就明天吧。"

楚怀王有些急不可耐,屈原也只好答道:"是,大王。"

第二天,屈原带了几个随从,乘着一辆车子,到齐国去了。

当时齐国的国君是齐湣王,他胸怀大志,以孟尝君为相,国力强盛,常常想统一天下,在南面称帝。他听说楚王派了屈原来齐国,便和孟尝君商量如何接待。

"当年,我们国相晏婴出使到楚国去时,楚国君臣想方设法侮辱他,最后晏婴运用机智挫败了他们的诡计。今天,他们的使臣屈原要来我国,是不是也给他一些教训才好呢？"齐湣王问。

"只消如此。"孟尝君伸出两个指头。

屈原到了齐国，齐湣王设宴为他接风。筵席上，互相把盏敬酒完毕之后，齐湣王说道："没有乐舞，饮酒怎么能够尽兴呢？"

一声令下，乐声奏起，但所奏之乐没有钟磬，没有琴瑟，而是或吹树叶，或击瓦缶。舞蹈队伍出场了，随着节拍走到座前，开始表演。

屈原举目一望，吃了一惊，只见行列中没有武士，没有靓女，有的是牛头马面、山妖木怪，一个个蓝脸红发，噘嘴獠牙，狂蹦乱跳，丑态可憎。屈原正在纳闷，齐湣王以狡黠而轻蔑的眼光斜视着屈原说道："屈大夫，你喜欢这个乐舞吗？这是专门为你准备的。"

屈原觉得他居心不良，便开始反击："请原谅我不能欣赏这种乐舞。我们楚国君臣所喜欢听的是雅乐，那是一种中正和平、典雅纯正的音乐。我们所爱看的是箫韶之舞，那种舞姿态优美大方，吴国公子季札曾叹为观止，孔子看了它，三个月间吃肉都忘了味道。像今天这样的乐舞，呕哑嘲哳，聒耳污目，我实在是欣赏不了。"

"屈大夫，你不要忘了，楚国乃是蛮夷之邦，盛行巫术，这里为你表演的正是这种蛮夷的乐舞,你为什么反而不欣赏呢?"齐湣王以为这下击中了楚国的要害,等着看屈原的尴尬相呢,没想到屈原却不动声色,沉着对答:"大王您这话说错了。我们楚人的先祖本来住在楚丘,地处黄河之滨,是真正的中原。后来从北方迁到南方,平定了东南夷,建立了一个国家。我们把中原文化带到了长江与汉水之间,所以关于尧、舜、禹、汤文武、周孔的事迹,楚国的三岁小儿都能说得上来,没想到大王对于历史却是如此陌生。楚国是盛行巫术,但即使民间祭神的乐舞也是十分赏心悦目的,怎么会是这样的呢?"

齐湣王听到这里,耳朵开始发起烧来。只听屈原继续激昂陈词:"据外臣所知,齐国乃是周朝的开国功臣姜尚所建,齐人受他的教化是非常深的。非礼的话没人说,非礼的事没人做。到了齐康公时,你们来自陈国的田氏取代姜氏做了君主,齐国就大变样了,以至于今天把这种蛮乐也搬到了朝会宴享的场所,看来大王倒是十分欣赏蛮乐。我听说,'观其舞,知其德',只要看一看一个人所喜欢的乐舞,就可以了解他的品德如何……"

屈原正要继续说下去,却被在座的孟尝君打断了。那孟尝君是齐国的栋梁之臣,眼见齐湣王在舌战中居于下风,便挺身而出,想要挽回颓势。孟尝君说:"屈大夫,关于乐舞的事,你说得已经够多了。我想知道的是,楚人是否也能享受到射猎的乐趣,像我们齐人一样? 我们齐国地域辽阔,东临大海,南有琅琊,北与肃慎为邻,西以汤谷为界。建宫阙于山上,巍峨壮观,尤如天国。泛龙舟于渤澥之湾,浩浩荡荡,就像在龙宫里一样。我们齐湣王一时兴发,便率领车驾千乘,徒众万骑,在海滨射猎。这时,山泽之间布满了士卒,挂满了网罟,齐王率领侍从,来往驰骋,杀虎猎豹,捕鹿获麟。其中的乐趣,不是下国之君所能领略的。"

说到这里,孟尝君戛然而止,得意地用眼睛斜睨着屈原。

"哈哈⋯⋯"屈原先是一笑,然后不慌不忙来了个回马枪。

屈原说:"孟尝君是齐国的重臣,没想到眼光竟然这样狭隘。楚国之大,天下皆知,我就不用说了。就拿楚国可以提供射猎的山泽来说,就有7处之多。我只见过其中最小的一处,叫云梦泽,方圆有900里。那里山峦重叠,上接霄汉。山石的颜色像玫瑰,中间夹杂着黑白的花纹。山间跳跃着白虎、黑豹,飞鸣着孔雀、青鸾。东面有薰草之园,生长着各种奇花异草。南面是广阔的平原,生长着沙蒿、芦苇。

西面有清泉深池,水面荷花与菱叶交相辉映,水中鱼鳖虾蟹嬉游其中。北面是大片的森林,有高大的楠木,披拂的杨柳,挂着红黄果实的橘柚。我们大王会利用处理国事的余暇,率领十万之众,到云梦打猎。不过,他并不亲自动手,而是站在高岗之上,饶有兴味地观看侍从们纵横驰骋,以此为乐,而不像你们的齐湣王那样辛苦奔波。"

孟尝君炫耀齐国这一着棋也输了。显然,要压倒屈原是不可能的,齐湣王只好收兵。

"屈大夫,久闻大名,如雷贯耳,今日一见,果然名不虚传。大夫的学问、口才,寡人都领教过了,真是受益匪浅。刚才之事只是想同你开个玩笑,现在我们谈正事吧。"说着,齐湣王一挥手,让伶人都撤去了。

齐湣王一改刚才的倨傲,拱手说道:"大夫风尘仆仆来到敝国,一定有所指教。"

屈原看他被镇住了,便也缓和了些颜色。

"不敢。外臣此次来贵国,只是有一个消息要告诉大王。"

"什么消息?"

"听说秦王要称帝了。"

"哦?"齐湣王听了不觉大吃一惊,但又假装不在意的样子说道："让他去称帝吧,不就是改个名号嘛!"

"但是,事情恐怕没这么简单。"屈原紧追了一步。

"称王也好,称帝也罢,都是他自己的事情,与我有什么关系呢?"齐湣王还在那里装糊涂。

"所谓称帝,就是自立为天子,是要各国向他称臣的。"屈原点破道。

"那么,你们的怀王首先要去朝拜喽?"这齐湣王也够厉害的。

屈原不屑地回答道："大王,你应该了解我们楚国人的性格。当年你们的齐桓公以周天子的名义,率领各国诸侯来我国兴师问罪的时候,结果是什么样,大王应该是知道的。有一个关于楚人的故事,大王可能不知道,我愿意说给大王听。我国共王在世时,朝中有一臣子,名唤钟仪,他到郑国去外交,被郑人抓起来送到了晋国,囚禁起来。晋景公偶然看见了他,见他端端正正地戴着楚国式的帽子,正襟危坐,感到十分奇怪。命他抚琴,他就弹奏了一首楚国乐曲。楚国人就是这样硬骨头,威武不能屈其尊,困厄不能改其志。若要楚国向秦国称臣,除非太阳西起东落。"

"我们齐人何尝不是这样,作为一个堂堂的东方大国,我们怎能俯首向秦国称臣呢!"齐湣王激动起来,又由激动转向沉吟,接着说,"不过,我只要不理他,不多去惹事,也就可以相安无事了。"

"可是,"屈原说道,"大王没看见那黄雀吗?它饿了到地面上啄几粒白米,饱了就在空中飞来飞去玩耍,累了就栖息在树枝之上。自以为与世无争,不会有什么祸事,哪里知道公子王孙左手拿着弹弓,右手握着弹丸,正准备向它弹射呢。白天它还在大树间自由自在地玩耍,晚上它就成了宴席上的一道菜。

"黄雀还是小的,你再看看那天鹅吧。它遨游在江海之上,栖息于大湖之滨。它有时自由自在地浮荡在碧波之上,俯首啄食鳝鱼和鲤鱼,昂头咬啮菱角和水草;有时奋翅高举,凌驾着清风,飘飘摇摇地在云天中翱翔。它自以为与世无争,不会有什么祸事,哪里知道猎人刚修好了弓箭,一箭射中,它就会从万丈高空坠落下来。可怜它白天还无忧无虑地恣意飞翔,晚上却被置于鼎鼐之中了。

"天鹅仍然是小的,还是来看看大王你的处境吧。你昼观歌舞,夜拥美姬,或围猎于渤海之滨,或饮宴于宫闱之内,多么逍遥快活,惬意悠闲!你看似不求人,也不惹人,可以长此自享其乐。可是,西边的强邻秦国正虎视眈眈,向东而望。齐国若向它俯首称臣,那就得永远做它的藩属,年年纳贡，岁岁朝觐，像仆妾一样地伺候它。若是抗拒不予理睬，不久将兵戎相见。大王若抵御不了秦兵，宗庙社稷必然毁于一旦。"

屈原的一番话直说得齐湣王大汗涔涔，面色蜡黄。

"先生，寡人愿受教，不知先生有何良策呢？"齐湣王的声音颤抖着，为了表示对屈原的尊敬，便从"大夫"改称为"先生"。

屈原看时机成熟，便命人拿一把筷子来，从中取出一根，说道："大王请看！"说着就用两手轻轻一折，"咔嚓"一声，筷子断为两截。然后屈原抓起一把筷子，再用两手用力去折，只见那筷子纹丝不动。于是就此发表起议论来。屈原说："大王，如今七国之中，秦国最强。在山东诸国中，齐、楚国力号称强盛，也不能与之抗衡，更不要说韩、魏、燕、赵了。秦国早有并吞六国之心，统一天下之志，现在之所以没有大举东下，是因为条件还不够成熟，于是采取了各个击破的策略。这种'连横'之策，把六国一个个孤立起来，六国就像那一根根筷子一样，轻而易举就被消灭了。如果我们反其道而行之，六国紧紧地抱成一团，就像那筷子合成一捆一样，秦国虽有虎狼之心，却咬不动我们。"

"先生所说虽然有理，可是这不仍是苏秦的'合纵'

吗？"齐湣王说道。

"还是不一样的。"屈原说道，"苏秦凭他的三寸不烂之舌，辗转于六国之间，名为帮助六国，实则是为了一己之富贵。他虽然聪明过人，却有一个致命硬伤，那就是缺乏真诚。他希望六国与秦国抗衡，却不希望我们战胜秦国，因为只有秦国存在，六国才愿用他为相，他才可以得到荣华富贵。试想，若秦国不存在了，或者对六国没有威胁了，那他对六国还有什么用吗？尽管他表面上说得天花乱坠，内心里却希望保持一个强大的秦国与弱小的六国相对峙的局面。我到齐国来则是怀着一片真诚，是为齐、楚，也是为山东六国的利益来共商大计，没想到……"

"啊，先生！"齐湣王知道屈原余愤未熄，赶忙拦住，转变话题道，"依先生来看，六国对抗秦国的政策有什么弊端呢？"

"最主要的弊端就是拿土地去贿赂秦国。"屈原一针见血地说，"秦国虽强，但若靠用兵来掠取土地，并非易事。仗打下来，牺牲很大，损失的士兵少则数百，多则千计，所花费的钱财更不用说了。秦国要吞尽六国之地，要打多少仗，死多少人，损失多少财物呢？所以，秦国采取引而不发的策略。他们往往虚张声势，做出要攻打我们的样子,实则按兵不动。六国被它吓怕了,一见它气势汹汹的样子,便赶快割地求和。今日割五城,明日割十城,然后换得一朝的安睡,等到睡醒一看,秦兵又来了。我们的土地有限,而秦人的欲壑难填,越贿赂它,它越要侵扰我们。通过这种方式,秦国越来越强大,六国越来越弱小。这就好比抱薪救火一样,薪燃不尽,火就不会灭。"

屈原一口气说下来,说得振振有词。齐湣王一边听,一边不自觉地频频点头。

"先生,你所说的道理可谓是千古高见啊!但是,贿赂不可行,打又打不过,究竟如何才好呢?"齐湣王又提出了疑问。

"所以我说六国必须联合起来。有一个流行的说法,大王可曾听过? ——'连横'成则秦国称王,'合纵'成则齐楚称霸。"

"唔,说这话的人倒也十分聪明。不过,楚国离韩国、魏国不远,为何不与他们先联合呢?"显然,齐湣王对屈原的来意仍有怀疑,非要问个水落石出不可。

"大王,当今天下的局势是,秦国最强,齐楚最大。齐楚二国携手,就足以令秦人胆寒。其他四国力量薄弱,只好左顾右盼,看风使舵。没有齐楚的联合做后盾,他们怎么敢与秦国对抗呢？这就是我首先访问贵国的原因。"

"好！"齐湣王击一下掌，表示下定决心，"我祝贺先生此次外交使命能够圆满完成。"

"这么说，大王同意联合了？"

"哈哈哈！"齐湣王大笑道，"那是当然。"

于是，双方举杯，一饮而尽。次日，屈原便起程回国。楚怀王听说屈原在齐国取得了成功，心中大喜，命屈原稍作休息，继续出国访问。其后，屈原便穿梭似的周旋于韩、魏、燕、赵之间，逐一说服了各国君主，六国终于一致同意歃血定盟。

楚怀王便命军士在边境某地筑起一座土坛，高有三丈，七层阶级，每层都有壮士执黄旗把守。

坛上立大黄旗一面，迎风招展，旁边放一面大鼓。坛中间摆设香案，放着朱盘、玉盂、金尊、玉斝。坛西立石柱二根，系着乌牛、白马，准备宰杀，供歃血之用。自下望去，气势十分森严齐整。

这一天，六国国君都来赴约会盟，将兵车停在 20 里外，带领随侍大臣来到坛下。屈原陪着楚怀王来到会场，与各国国君施礼相见。礼毕，大家共推楚怀王为纵约长，然后依次登坛，祭拜天地。

　　屈原手捧约简一函,跪而读道:"某年月日,楚、齐、魏、韩、赵、燕六国诸侯,会于楚之某地,订立盟约。自此以后,互相佑助,协力抗秦。如有违约者,神明不佑,诸侯共讨。"

　　听完这番话,六国国君情绪高昂,心情振奋。接着,在屈原的主持下,六国国君歃血为盟,共同祭拜祖先和天地诸神。然后,楚国将盟约分发给各国国君,并设宴款待各国谋臣策士,以尽地主之谊。

第三章

变法图强

潜心草拟新法

有一天,楚怀王又召屈原进行了一次深夜长谈。此次长谈的内容主要是围绕着变法改革展开的,其中讲到了具体的变法细则。

楚怀王对屈原说:"寡人如今想要重用爱卿实施改革,希望楚国国富民强,早日称雄七国,实现统一天下的大业。我希望爱卿可以尽快拟写出变法改革的具体事项,以便早日实施。"

屈原回去之后,就投入了拟订各种法律的紧张工作之中。这是一项浩大的工程。屈原首先查阅资料,将有价值的书籍资料全都整理出来,以供随时参考。然后又到周都洛阳、鲁都曲阜、齐都临淄等天下藏书最丰富的各大收藏室,孜孜不倦地查找、阅读、抄录、摘要。

屈原曾花大工夫,倾注全部心血,研究魏之李悝、楚之吴起、秦之商鞅的变法改革,从中汲取丰富的营养。

李悝在魏文侯时期曾经担任过北地守,后来担任魏国国相。他变法改革的主要内容包括以下几个方面:

在政治上,取消奴隶主贵族的世袭特权,建立新的封建官僚制度。对新兴地主阶级人士,按功劳的大小授予爵位和俸禄,按才能的大小授予官司职,实行赏罚严明的制度。

在经济上,实行"尽地力"和"平籴法"。"尽地力"主要是用来解决农民的困难,其目的是充分发挥土地的潜力,增加单位面积产量。设想每亩如果增产或减产三斗粮食,全国产粮总量将相差很大。而"平籴法"用以保障封建国家的赋税收入和农民稳定的生活。这两种方法的实行,促进了农业生产的发展,稳定了社会秩序,使魏国很快变得富强起来了。

在法治上,为了适应封建经济的发展,保护地主阶级的既得利益,李悝总结了春秋以来各国的法律,著有《法经》六篇。他认为国家最重要的政事莫过于防止和惩办盗贼,从而保证百姓的财产不受侵犯。总之,《法经》打击的主要对象是盗贼,以维护民众的利益和社会的安定。

李悝的这些改革措施,巩固和发展了新生的魏国政权,促进了社会生产力的发展。

接着,屈原又参看了吴起变法的内容。

当时,年轻的楚悼王刚刚即位,他对楚国的现状十分不满,想要效仿周围那些由弱变强的国家实施变法改革。
于是他重用吴起,任命他为令尹,进行大刀阔斧的改革。

改革时,吴起认真分析了楚国的现状,决定从以下方
面着手改革:提倡法治,主张依法治国;加强中央集权,废
除分封制;打击奴隶主贵族;等等。

吴起还改革了国家机关,并在安置官员时坚决执行
"任人唯贤"的方针。经过这一系列改革,楚国国力大为增
强,在内再无贵族敢放肆,在外也无别国敢欺凌。

然后,屈原又研究了商鞅的变法。

商鞅通过两次变法,破坏了领主的宗族制度,也限制
了地主的家族制度,使秦国成为当时无比先进、富强的统
一国家。秦孝公死后,太子秦惠王即位,车裂商鞅,杀了商
鞅全家,但商鞅新法却基本上沿用下去了。

除此以外,屈原还系统而全面地研究了周礼、楚盛王
之法制术数、赵烈侯的新法,还有"以仁义,约以王道""选
练举贤,任官使能""节财俭用,察度功德",等等。

一切准备就绪后,屈原便投入了拟订各种新法的紧张
工作之中。他基本上断绝了与外界的来往,一则新法公布
前要绝对保密,二则他要排除外界的干扰。他将床榻搬进
了书斋,夜以继日地工作,困极了便蜷曲于床,曲肱而枕,

和衣而寝,略作休息。

　　有了前人的成功经验,经过长时间的实地考察和工作实践,屈原对楚国的社会现实了如指掌。因而在拟定立法时,他胸有成竹。但在写每一条立法前他还是斟酌再三,因为他想让每一条新法都完美,没有任何让人可以挑剔的地方。

　　屈原自幼博览群书,其才学犹如一座高耸的巨峰,矗立在峰巅之上。鸟瞰天下,放眼未来,他希望自己所拟之法绚烂璀璨,映照得楚国大地一片光明。

制订新法令震惊朝野

楚怀王希望能有新法推行。经过屈原长时间不眠不休的努力,新法令终于出炉了。楚怀王看着面前这份屈原多日来努力的成果,高兴得简直像个孩子。他拿着这份新法令在书房里研读了一夜,不时拍案叫绝,对楚国未来的发展越发信心满满。

第二天,楚怀王召屈原单独见面。他拉着屈原的手,激动万分地说道:"爱卿,真是辛苦你了。寡人已经认真读过这份新法,它是寡人从未接触过的内容。其中的每一条都针砭时弊,写得恰到好处。往后,我们楚国的兴衰就要依靠这份新法了。"

因为连日忙碌,屈原清瘦了不少,面容憔悴,但他的精神依旧饱满,因而声音洪亮地说道:"谢大王体恤,为楚国出谋划策是微臣分内之事,只希望我这些日子的努力没有白费,新法可以尽快推行。"

当楚怀王满怀信心地将这份草案拿给文武百官看的时候,他们的反应如同惊天炸雷一样,一片哗然。其中,有人与楚怀王和屈原一样,对这份草案充满了期望,希望它能改变楚国乌烟瘴气的现状;而有些人则当即暴跳如雷,破口大骂,说屈原这是在逆祖宗之法,拿国家大事开玩笑,简直是无法无天。

楚怀王与屈原早就预料到会有这样的局面,在楚国当前的现状下,推行新法实行改革,一定不会一帆风顺的,总会受到那些利益有受损害之人的阻挠。因而,他们便商量在朝中进行一次公开辩论,力争统一思想,使百官都能心甘情愿地为变法改革出力。

在辩论之前,楚怀王慷慨激昂地说道:"自我们的祖辈建立国家起,历代君王都遵循祖宗之法,循规蹈矩地领导万民发展生产,努力过活。但是没有一位君王能够像庄王那样,打破陈规,称霸六国。我们是高阳后裔,以火神祝融为元祖,有着高贵的血统和引以为傲的光辉历史,所以我们不应该因循守旧,不思进取。

"如今七雄并起,各国君王都在打我们楚国的主意,尤其是强秦一直虎视眈眈地盯着我们,近年来还不断到楚国境内滋扰生事,弄得百姓苦不堪言。作为国家的最高统治者,作为百姓的衣食父母,难道我们不应该做些什么吗?所以,寡人决定重振朝纲,推行新法,进行改革。寡人希望你们每个人都能将楚国的兴衰当作是事关个人生死荣辱的大事，能够真心支持新法，并替寡人将其顺利推行。"

大家听完楚怀王这番慷慨激昂的陈词后，不管有没有被触动，都从中听出了一个重要的信息，那就是君王已经铁了心要进行变法改革，他希望众位大臣能够和他上下一心，共同来完成这个重大的跨越。

尽管如此，还是有许多因循守旧的老臣站出来唱反调。他们有的说："大王，变法关乎江山社稷，不可儿戏，一定要三思而后行啊！"

有的则说："大王想要励精图治是好事，但是并非一定要通过变法的途径。我们这么多文武大臣，难道还不能够帮助大王实现楚国安定和谐吗？统一七国并没什么必要性，现在我们七国各司其职不是很好嘛！"

这些反对者，你一言我一语，要么把变法改革说得一无是处，要么说得如洪水猛兽，听得楚怀王烦躁不已。

而屈原听了这些反对变法的无稽之谈，心中更是充满气愤，因而忍不住予以回击。

"此言差矣，如果没有第一个打破陈规的人，那么世界上就不会有一个统一的部落，人类也只能依靠摘野果、猎杀野兽来生存，那么我们楚国也将国之不国，永远是那个蜷缩在山野之中的小村落。纵观历史，凡是那些大胆革新，勇于开拓进取的领袖都能够成就一番伟业。而那些只会抱着祖宗基业贪图享乐、不思进取的国家，都会如桀纣般最终亡国。"屈原说。

听到屈原这番话，那些自命国之栋梁的腐朽老臣们十分震惊，纷纷谴责屈原大逆不道，年纪轻轻竟然敢蛊惑君王，在朝堂上卖弄学识，将屈原批评得体无完肤。

屈原见状并不急于辩驳，而是泰然自若地站在那里让那些老臣尽情发泄。可是，楚怀王却看不下去了，他冲殿下大手一挥，厉声喝道："够了！我召你们来是商讨变法的，不是让你们来声讨屈原的。你们都是我的臣子，为什么不能像屈原这样为我分忧解难，急寡人之所急呢？你们不必说了，寡人心意已决，变法改革势在必行！"

说完，殿下鸦雀无声。楚怀王见状，怒气消散了一半。他知道这群大臣是被自己惯成这样的，这都怪自己一直以来做事优柔寡断、举棋不定，只会听从这些臣子的意见，才让他们在自己面前肆无忌惮。

于是，楚怀王转换了一下口气，语重心长地说道："各位爱卿，寡人知道你们有些人一时接受不了这次改革，或许不全是担心我们楚国的安危，而是害怕自己的利益受损。寡人想要说的是,身正不怕影子斜,只要是对国家、对百姓有益的事,在大方向上对你们自身也是有益的。"

"的确如此,"屈原见楚怀王一人应付那些大臣有些吃力,便接着替怀王说服大家,"我们是大王的臣子,理应为大王分忧。我劝谏大王进行变法改革,并不是为了证明自己的才华,为了引起大王注意而空言变法。我本是一介布衣,有幸得到大王的提拔才站在这里,我是不会拿国家的前途开玩笑的。我虽然年纪轻,阅历尚浅,可是深知百姓的疾苦,知道当今天下的形势。现在各国纷纷推行新政,想尽一切办法发展本国,你们应该听说过'楚才晋用'的说法吧?为什么楚国的人才会流失到别国去呢?那是因为别国有更适合他们成功、成才的土壤,而我们楚国却让这本该滋养万物的土壤变得越来越贫瘠,这是那些人才的悲哀,更是我们楚国的悲哀。"屈原道。

说到这里,屈原已泣不成声,有许多心有触动的大臣也跟着垂下泪来。屈原擦干眼泪,努力控制好情绪,继续说道:"面对强秦欺凌、民心涣散的现状,难道我们不应该奋起改革吗?"

"说得好!"人群中已经有反对者开始附和了。楚怀王也被深深触动,不想再将这场无谓的争论进行下去,于是拍板说道:"好了,变法改革这件事就这么定了。从今往后,大家要上下一心推行变法,谁要是再对此事指指点点,有诸多妄言,别怪寡人翻脸无情。"

最终,这件震惊朝野的变法事件在屈原的竭力劝说和楚怀王的果断抉择下被大家接受了。不管日后执行时有多么艰辛,但是总算开了个好头,楚怀王与屈原心中的大石头也终于落地了。

潜心制订新宪令

楚怀王任用屈原进行变法改革,是从具体到整体逐步推进的。变法的具体内容大致包括以下细节:

限制贵族特权,发展生产,改善人民生活;奖励战斗有功的人,加强国防力量;大力发展工农商业,反对纵横游说之士;举贤授能,明君贤臣以推行"美政";联齐抗秦,努力创造条件实现统一的宏图伟业;等等。

在推行变法改革过程中,每前进一步都要付出昂贵的代价,包括流血牺牲。如果说楚之变法改革是一叶风帆,那它就是在狂风巨浪中颠簸前进的。虽然如此,楚国还是在发展、前进着。

为了尽早实现"统一天下"的愿望,楚国需要制定一部国家的根本大法,这便是宪令。以宪令来规范其他具体法律,同时宪令也是其他法律的依据。屈原向楚怀王提出了这一建议,楚怀王不仅欣然同意,而且大加赞赏,将草拟宪令的任务交给了屈原。屈原唯唯受命,这件事似乎对他来说是责无旁贷的。

楚怀王再三强调，宪令是国之机密，在诏示天下之前，不得泄露给任何人。屈原也有这个愿望，万一不慎泄露一二，朝中奸佞之臣和顽固派必定千方百计予以破坏。

对于拟定宪令之事，楚怀王与屈原都十分重视，不敢有丝毫马虎与懈怠。屈原重新将自己禁锢于书斋之内，整日埋身于书山简海之中，不分晨昏昼夜，笔耕不辍。饿极了，他就啃几口干粮；困极了，他就伏案而眠。即使面容憔悴，脱皮掉肉，他也全然不顾。

为了拟定宪令，屈原翻阅的资料，研究的典籍，犹如满天星斗，莽莽林海，难以历数。毫不夸张地说，在此之前问世的各种书籍，他几乎浏览无余，涉猎无数。对重点部分，他反复研究，或圈圈点点，或笔录摘抄，以备查考。

这几个月夜以继日苦读的日子，屈原仿佛穿行于林莽之中，昏暗幽晦，不见天日。最后，他仿佛走出了密林，豁然开朗，眼前天高地阔，阳光明媚。他又仿佛攀登上了顶峰，居高临下，山川、村镇、田野，全都一览无余。

至此，屈原可以展帛挥毫，制订宪令，一挥而就，一气呵成。然而，他却迟迟不肯动笔，因为他总觉得准备得仍不充分，似乎还缺某种成分或是某道工序。

经过几个月的伏案攻读和潜心研究,屈原对华夏历史的法制已经了然于胸,历历在目。制订新法,需要借鉴古人智慧,结合现实。但屈原仍觉得自己对监狱中的情况还不太了解。

屈原早就听说楚国贪赃枉法之风盛行,诉讼胜败,判罪轻重,全赖行贿的多少来定。狱中情形,更是漆黑一团。无罪的被处死,犯死罪的人却逍遥法外,这样的情况屡见不鲜。

然而,屈原只是耳闻,并未实见。想要制定切实可行、完美无缺的宪令,就必须结合这一现实。为了制订宪令,为了当今和后世,哪怕肝脑涂地,他也在所不辞。因而屈原当机立断,他要深入监狱了解实情。

从此,屈原杂于囚徒之中,与案犯为伍,自然也少不了经常被提审,被严刑逼供,饱尝狱中的千辛万苦,同时也掌握了牢内及整个司法系统的斑斑伤痕与累累症结。

监狱里的条件十分恶劣,地狭人多,人满为患。屈原所在的牢房,总共不过一丈见方,没有窗户,只有一扇小小的木栅门,却监押着二十多名罪犯。

白天,犯人们都坐着或是站着,相对来说占的地方比较小。到了夜晚,牢房就成了灾难之地,他们彼此相挤相压,你枕着我的腿,我躺着他的腰,毫无转身的余地。屎尿都在这个小空间里解决,与呼吸和饮食的气息混杂在一起,令人难以忍受。所以,每夜都有窒息的人,少则三五人,多则十几人。

监狱里最怕疾病传染,但也最容易传染疾病。每当流行病传染时,患者相继倒地,来不及外运,死者堆积着,甚至堵塞了门户。狱卒命犯人帮忙往外抬死者,常常走着走着就有犯人猝然身亡,令人不寒而栗。

为什么郢都和全国大大小小的监狱关押的罪犯这么多? 原来,士师、胥吏、狱官、禁卒都以此来谋利——关押的犯人愈多,他们获利就愈丰厚。所以,只要与案件稍有牵连的人,就会被千方百计地捉拿监禁。

这些人一旦入狱,不问是否有罪,一律被戴上手铐、脚镣,锁进监牢,困苦不堪。然后官吏就对他们进行敲诈,根据犯人出钱多少,分别对待。

出资最多的人,不仅可以脱去刑具,还能移至监外板屋居住;一贫如洗,一滴油水也难挤出的人,不仅刑械决不稍宽,还被施用种种折磨手段。

因同一个案件入狱的,主谋和重罪的人可以逍遥法外;轻罪和无罪的人反而深受严刑折磨,遭受非人的待遇。这些被折磨的人积忧成疾，染病后又无药可医，能够侥幸生存下来的人，百不及一。

在狱里，金钱能够通神。上上下下的工作人员，很少以国家法律为依据。他们大多利用手中的权柄牟取暴利。刽子手本是十分下作的职业，但在狱里却盛气凌人。

对被判处死刑并且已经上呈的人，刽子手们会公开进监狱敲诈他们，索取金钱与财物。那些被判处极刑的人，如果满足了刽子手的要求，他们行刑时会先刺犯人的心，否则刽子手就将犯人四肢先卸下来，还不让他们心死。那些被判处绞刑的人，如果满足了刽子手的要求，刽子手刚开始就会将犯人勒死，否则就先对其用刑，然后才让犯人死去。对那些被判处死刑的人，刽子手们还拿他们被砍下来的头，对其家人进行勒索。

负责捆绑的官吏也是这样，对不满足其要求的人，他们会在捆绑时先折断犯人的筋骨。专管上刑的和打手们更是如此，例如，有三个犯人同时被拷打审讯，其中一人给20金，被打得筋断骨折，几个月卧床不起；另一个给的是双倍金，只伤了点儿肌肤，第二日就痊愈了；第三个人给的是六倍金，当夜便健步如飞。

在狱中待了几个月，屈原虽吃了许多皮肉之苦，却对楚国的司法系统和监狱中的黑暗腐败现象摸得烂熟。宪令成竹在胸,于是他迫不及待地出狱,不顾遍体伤痕累累,全身筋骨酸疼,一头扎入书斋,一心扑在制宪令上。

改革受到重重阻碍

屈原进朝以后,楚国的确发生了翻天覆地的变化,先是国君楚怀王开始奋发图强,后来六国还结成了合纵联盟,楚怀王成了盟约领袖,接着又推行改革变法……

这一系列变法,使楚国出现了短暂的中兴。屈原也因此成为楚怀王最信得过的谋臣,并官居左徒。楚怀王对这位年轻的左徒大人十分偏爱,许多内政外交都交给他来处理。

作为左徒大人,屈原处理最多的还是内政事务,他锐意改革。因为有楚怀王的信任和支持,屈原在进行改革时手腕强硬,毫不马虎。

首先,屈原认为改革的主要任务应是章明法度,抑制豪吏。只有慢慢削减那些权贵们的特权,才能改变他们骄奢淫逸的生活习惯,使他们让利于民,让老百姓的生活越来越好,才能真正实现国富民强。

其次,屈原主张改革用人制度。他认为只有打破贵族世袭官位的陈规陋习,举贤任能,才能真正为楚国选拔出有用的人才,以便更快更好地改善楚国官员腐败、国家机构混乱、百姓申诉无门的现状。

还有,就是效仿商鞅奖励军功。无论是平民百姓还是贵族子弟,只要在战场上英勇善战,立下军功,国家都应给予嘉奖。

屈原之所以做出这样的改革,是经过深思熟虑的。

在屈原看来,对外战争的成败关系到国家的荣辱安危,只有士兵骁勇善战才能保证战争的胜利。当然,一两次失败并不能说明什么,但是国君一定要考虑到士兵的感受。不要只在打胜仗的时候才想起给士兵奖励,战败的士兵更需要关心和鼓舞。所以,奖励士兵的条件定为"只要立军功就赏"。

当然,想要真正实现楚国富强,还要进行更彻底的改革,这不仅要包括上述几点,还要涉及政治、经济、军事、文化、外交等方方面面。

于是,在之前改革创新的基础上,屈原又增添了新的变法内容。这些内容大多涉及贵族阶级的利益,付诸实施时一定会遭到他们的强烈反对。类似的情况在吴起变法和商鞅变法中都曾出现过,这也是吴起、商鞅最终惨死的一个重要原因。

可即使这样,屈原也宁愿"冒天下之大不韪",将改革进行到底。因为在实施改革之前,他便已经明白改革的真正含义:改革就是要打破陈规,冲破旧的枷锁和牢笼。

当然,这会损害一部分上层贵族阶级的利益,因而推行改革随时都有丢掉性命的危险。但是,屈原不得不这么做,因为他不忍心看到楚国一直积贫积弱,不忍心让百姓一直过着艰难困苦的日子。

事实上,对于屈原改革的做法,大多数官员还是支持的,只有一小部分朝廷蛀虫总是反对,其中就包括楚大夫靳尚。

靳尚是一个十足的小人,他刁钻狡诈,爱财如命,锱铢必取。所以他的聪明往往不用在政事上,而专用于逢迎拍马,胁肩谄笑,蝇营狗苟,以求达到获得财物的目的。要是有人妨碍了他的取财之道,他就要搬砖弄瓦,造谣中伤,必除之而后快。

对于屈原实施的变法改革,靳尚表面上大唱赞美之词,背地里却总是在那些反对屈原改革的贵族和大臣们面前煽风点火,怂恿他们与屈原对着干。

有一次,屈原去找楚怀王请示增添一项新的改革措施,靳尚刚好也在场。屈原做事一向光明磊落,毫不避讳,见靳尚不愿退下，就直接开口对怀王说道："大王，臣发现楚国的王公贵族俸禄有些偏高，远远多于他们每月正常的花费，这样只会滋长他们骄奢淫逸、铺张浪费的恶习。臣打算削减他们的俸禄，下发给贫困地区的百姓，不知大王意下如何呢？"

楚怀王一听，自然连声称赞，且嘱咐屈原道："改革的事情，你自己做主就行，只要不是太过分，就无须请示寡人。寡人只想楚国尽快富强起来，大臣能够专心朝政，百姓能够安居乐业。"

楚怀王说罢，见靳尚一直垂手立在那里，一副认真聆听的样子，就说道："靳爱卿，听说你也很支持寡人此番推行的变法改革，那么针对此事，你有什么看法呢？"

见楚怀王征求自己的意见，靳尚赶紧满脸堆笑地回答道："回大王，臣以为左徒大人进行的改革甚好，毕竟成由节俭败由奢。国富民强是大家共同的期望，我想那些王公贵族应该能理解。"

听靳尚这样回答，楚怀王心中大悦，夸赞他说："若朝中大臣都能如靳爱卿这般深明大义，那么变法改革一定会一帆风顺的。"

屈原深知靳尚的为人，而且靳尚也是贵族中的代表人物,他在楚怀王面前如此推崇自己的改革,心中便已猜出这是他谄媚逢迎的说法罢了,只是不好在楚怀王面前驳斥他。

二人一同退下之时,靳尚还在对屈原说着恭维的话,丝毫没有看出屈原对他嫌恶的态度。于是,屈原连忙推说还有事情要做,便匆匆告辞了。

可是没走多远,屈原就听到靳尚在向路上碰到的一位贵族大臣描述刚才他向楚怀王请示的改革内容。并且,屈原还听见靳尚对自己破口大骂,甚至还对那位贵族大臣说要联合其他贵族,给屈原一些颜色瞧瞧。

听到这里,屈原不由得冷笑了一声,心想:"这个老滑头的狐狸尾巴终于露出来了!"

第二天,几乎所有贵族都知道了屈原想要削减他们俸禄的消息。贵族们在朝堂上联名向楚怀王请示取消该项法令,同时还要求取消其他一些有损他们既得利益的条文。他们还在楚怀王面前对屈原进行人身攻击,说屈原是个破落贵族,艳羡他们的生活,所以想尽办法对他们进行打压。

楚怀王见堂下乱成了一锅粥,一时也没了主意,只能应付道:"各位爱卿反映的事情,寡人会认真考虑。至于说屈原是因为嫉妒大家才做这些改革,寡人认为纯属无稽之谈。"说罢,便匆匆退朝了。

随后,楚怀王将屈原召来谈话,言谈之间屈原感受到楚怀王对变法改革已不像当初那样坚决了。这也难怪,楚国的贵族势力盘根错节,他们贪污腐败、骄奢淫逸的风气由来已久,不是说撼动就能轻易撼动的。

事实上,变法改革遭到一部分人的强烈反对是屈原早就预料到的事情,只不过他没有想到楚怀王的意志这么不坚定,他突然不敢确定自己是否能够将改革这条路进行到底了。

遭到他人的陷害

主持改革时,屈原越来越觉得有些力不从心。不是因为反对者太多,而是楚怀王与他的心渐渐有些疏远了。

在深得楚怀王信任的时候,屈原是位高权重的左徒大人。他权位之高、攀升之快,令那些朝堂之上的国之蛀虫嫉妒艳羡。再加上屈原为人耿直,不善于处理同僚关系,又锐意改革,损害了贵族阶级的利益,便有许多人对他恨得咬牙切齿。所以,就有奸佞小人开始到处散播屈原恃才傲物、好大喜功、目中无人的谣言。

有一天,楚怀王与靳尚对坐弈棋,闲谈中楚怀王说道:"几个月来,屈左徒忙于联络山东诸国,共对强秦,也不知那制宪令一事进展得怎么样了?"楚怀王这番话,像在自言自语,也像是在问靳尚,等待着他的回答。

楚怀王说者无意,靳尚听者有心。靳尚故作漫不经心地冷冷一笑,说:"依臣推想,屈左徒的宪令怕是早就已经制好了。"

听靳尚这样一说,楚怀王诧异地问:"爱卿是如何知晓的呢？"

"这个……"靳尚故作犹豫，欲言又止，"事关重大，臣不敢妄言。"

楚怀王鼓励他说："爱卿有话请讲，有朕为你做主，有什么惧怕的！"

靳尚默然不语良久，好像在进行激烈的思想斗争，最后终于下定决心似的说："大王请想，如果宪令尚未制成，举国上下怎么会将宪令的内容传播得沸沸扬扬，妇孺皆知呢？"

"啊！竟有此事？"楚怀王大吃一惊，脸色铁青，怒不可遏。

眼看时机成熟，靳尚火上浇油说道："宪令是国家的根本大法，未经大王裁决，便近播远扬，这屈左徒也太目无王法了！"

靳尚等待了许久，终于有了进谗的机会，忙说道："宪令是国家的头号机密，楚有律令：公之于世之前，除了国君，制者不得将内容泄露给任何人。身为左徒，屈原对此不会不知，况且大王曾再三叮嘱要严守机密。而今，宪令的内容君主尚未查阅一字，却弄得家喻户晓，满城风雨。由此可见，屈左徒根本不将大王放在眼里。"

楚怀王被激怒了，靳尚便躬腰屈膝立于一旁，俯首低眉，暗自窃笑，以观动静。

楚怀王火冒三丈，怒发冲冠，愤愤地自言自语道："屈原啊屈原，朕自问待你不薄，器重如山，寄予厚望，不料你羽毛未丰，便视朕如草木。你即使有经天纬地之才、扭转乾坤之力，让朕如何敢继续重用你！"

楚怀王已到了气急败坏的程度，但靳尚却嫌火未旺、怒未盛、恨未深，于是添油加醋地说道："大王有所不知，屈原早已将自己视为当今天下的圣人了。他曾不遗余力地诋毁大王，诬陷大王昏庸无能，没有主见，耳根子软，贪恋酒色。大王命令屈原拟法，但他每出一法，一定会夸耀自己的功劳，还扬言说当今的楚国想要拟法，除了他以外再无他人可用。更有甚者，他竟将贪天之功据为己有，胡说什么没有屈原就没有楚国今日的强盛，没有屈原就不会有山东六国的合纵，没有屈原就没有联兵伐秦的壮举。他还说，在列国事务中，一切都由他左右与摆布，大王不过是傀儡而已。臣在担心，长此以往，楚国的黎民百姓恐怕只知有屈左徒，而不知有大王呀！"

楚怀王再也听不下去了。堂堂大国之君，怎么经得起这样沉重的打击？从此，楚怀王对屈原的误会就更深了。

南后郑袖,约莫三十六七岁,美艳而矫健。一方面,她生得狐媚,善于作出各种"妖态",因此颇受楚怀王的宠爱。另一方面,她心狠手辣,敢作敢为,很有些男子气概。这女人嫉妒心特别重,看到别的女人得了怀王的欢心,她就受不了。

　　有一个魏国送来的美人,楚怀王很喜欢她,南后就私底下拉住她的手,装出关心的样子说:"大王哪儿都喜欢你,就不喜欢你那个鼻子,以后见到大王时,你最好掩住鼻子。"魏美人果然那样做了。

　　楚怀王见了不解,就来问郑袖原因,她不阴不阳地以问代答道:"大王,是不是您身上有什么味道?"楚怀王听了大怒立即下令割了魏美人的鼻子。

　　郑袖还爱讲究排场,喜欢他人恭维自己。靳尚在她面前低声下气,强颜承欢,满足她的虚荣心和好胜心,因而颇得她的欢心。

　　可靳尚是一副软骨头,没有一点儿阳刚之气,又令郑袖不悦。屈原在朝中出现后,他仪表堂堂,英气逼人,那青年男子的俊美引起了郑袖的倾心。

　　可是屈原在郑袖面前彬彬有礼,不苟言笑。郑袖多次用语言挑逗,屈原都冷若冰霜,不置一顾。一块肥肉,令人馋涎欲滴，却到不了口，这就使她由爱转为恨，非要除掉屈原不可。

楚怀王的生日到了，郑袖全副武装，像是要参加一场战斗。一清早她就命人去请屈原。

这天屈原本来要去祝贺楚怀王生日，可他听说南后要召见，必然有急事，就一早乘车进宫去了。进入宫里，只见郑袖已经盛装以待。这女人果然妖冶得很，本来就天生丽质，又善于作出一种媚态，虽然已年近四十，但依然秀色可餐，一笑一颦皆有万种风情。屈原大眼也不敢正看，郑袖却有意频送秋波。

"屈大夫，你的诗写得太美了，读了好比葡萄佳酿，流入心田，令人沉醉。"

"不敢当，南后谬赞了。"

"你的诗就像你的人一样，纯美、芬芳、高雅。"

"唔……"屈原难以回答，心里直嘀咕：她究竟要干什么？

还好，没等屈原太尴尬，郑袖便说明了请他提前进宫的原因。她说，《九歌》已经排了许多天了，今天在正式演出之前，想请屈原过目。由于时间较短，只把最后一章《礼魂》预演一遍。

在宽阔的明堂之内,南后居中坐着,屈原在一旁陪伴。乐师和合唱队在明堂的一侧,舞蹈队从另一侧登场。只见他们一个个头戴面具,或青或白或蓝或紫;手中或执长剑,或执扫帚,或执排箫,或执桂枝;按照东皇太一、云中君、湘君、湘夫人、大司命、少司命、东君、河伯、山鬼、国殇、礼魂的顺序依次走上场来。

那一边乐声、合唱声起,这一边便随之盘旋起舞。正在歌舞喧闹的时候,郑袖向外望了一眼,忽然"哎呀"一声,往屈原坐的那边倒去了。

屈原以为郑袖病了,赶快用手去扶,郑袖趁势倒在他怀里,柔声说道:"屈大夫,我头晕!"

屈原正想叫人扶郑袖躺下,楚怀王和靳尚走上堂来。郑袖突然翻起身来,一边做出挣扎的样子,一边叫道:"屈大夫,快放手!快放手!"接着朝楚怀王飞奔过去,伏在楚怀王胸前啜泣起来。

事情发生得太过突然,屈原一时茫然不知所措。怀王也不知道如何是好,他简直难以相信自己的眼睛。他一手拍着郑袖安抚她,叫她不要害怕,一手指着屈原骂了起来:"你这个伪君子!你满口的仁义道德,却是一肚子男盗女娼。"

"大王,你听我解释!"屈原伸出双手。

"还要解释什么? 我都看在眼里了。"楚怀王怒不可遏地说道。

屈原感觉自己正做着一场噩梦,怔怔地站着等待梦醒。只听耳旁传来娇滴滴的声音,那是郑袖平心静气地在劝解楚怀王:"大王不要为臣妾气坏了身子。屈大夫毕竟是初犯,而且他还替大王草拟新法有功呢!"

这显然是欲擒故纵,楚怀王反倒更加火冒三丈了。

"你还替他说情? 要不是我赶到这里,后果将不堪设想呀! 至于那些新法,既是他写的,能是什么好东西? 一把火烧了得了。"

其实,新法楚怀王一个字也没看过。这时,郑袖和靳尚暗中递了一个眼色,带着掩饰不住的笑意。

屈原听到楚怀王的话,猛然一惊,恍如大梦初醒:新法! 新法要完了! 这是他心血的结晶,是他希望所在啊! 自任左徒以来,他用自己的满腔热血浇灌着、滋养着一株林花柳,要把楚国引向一个更加光明灿烂的未来,如今一切都落空了,他忍不住要发狂了。

"大王,您不能这样做啊! 你要毁掉的不只是一部新法,更是我们楚国的前途!"屈原狂喊着又转向郑袖,"南后,你陷害我,好毒辣的手段!可是你陷害的不是我,陷害的是楚国,是大王,也是你自己啊!"

"大王,我害怕,屈大夫怕是疯了吧?"郑袖暗含怂恿地说了一句。

"是疯了,快把他推出门去!"楚怀王命令道。

两天后,靳尚和郑袖又在寝宫中会面了。郑袖显得格外光彩照人,靳尚眼角的皱纹似乎也少了许多。

"怎么样,对我的表演还满意吗?"郑袖得意地问道。

"为臣佩服之至。不过,为臣还是要提醒南后,屈原在国中有很高的声望啊!"

"所以,对他的处理必须慎重。可是,大王可能要对他处以重罪呢。"

"那样怕不合适。"

"那就给他一个有职无权的官位。"

"三闾大夫。"两人异口同声地说了出来。

"这事就交给我去办吧。"靳尚自告奋勇地承担了下来。

靳尚去见楚怀王,楚怀王正在那里闷闷不乐。生日被搅是第一重晦气;自己一直信任和依靠的屈原,做出这样的丑事,是第二重晦气。

楚怀王想:屈原对我的忠心是不容置疑的,有了他,我才一度做了纵约长;有了他,国家的政事才上了轨道,有了目标。我那天对屈原的态度是不是太过分了? 说不定哪里有没弄明白的地方呢? 屈原那句"你陷害的不是我"的喊声犹在耳畔回响,难道他真的疯了?

总之,这时楚怀王的心中有些乱,也有点儿软。

靳尚看见楚怀王愁眉不展,凭着自己灵敏的嗅觉,他把楚怀王的心事猜了个八九不离十。尽管郑袖的表演天衣无缝,可是要说屈原一个顶天立地的汉子做出那样卑鄙的事,不大会有人相信的,大王怕是有些为难了。于是,靳尚准备见机行事。

"大王是不是在想屈原大夫的事?"靳尚小心地问。

楚怀王没有回答,只是轻轻地点了点头。

"大王,"靳尚试着进言,"屈原大夫真是有点儿可惜,凭他的才华,正是英年锐进的时候,想不到竟做出这种事。"

听了靳尚的话,楚怀王感到有一点儿安慰。心想:这个刁钻鬼,怎么一眼就看透了人的心事呢? 好,那就顺势跟他谈谈。

"那依你之见,这事该怎样处理呢?"

"恕臣大胆,臣以为屈原自然不再适合担任左徒之职,不过,仍应给他一个品位较高的官职,以酬报他做出的贡献。"

"什么官职?"

"三闾大夫。"

怀王颔首。

"此外,他和南后之事不宜张扬出去,因为……"靳尚谄媚地望着怀王,"大王素有知人的美名,一旦人们听说大王信任的人做出了无礼的举动,大王的威信岂不是要受到影响?"

靳尚毕竟不是个简单人物,三言两语就拨开了楚怀王心中的迷雾。次日楚怀王便下诏令,改任屈原为三闾大夫,由靳尚权摄左徒之职。

第四章

忧国忧民

与张仪激烈辩论

张仪是魏国人,他与苏秦都是鬼谷子的弟子,但是他的聪明才智远在苏秦之上。

张仪家境贫困,他下山后前往大梁见魏惠王,想要求得官禄。魏惠王不肯重用,于是他就携带着妻子奔向楚国,在令尹昭阳府上做食客,负责招待各国来宾。昭阳率领军队伐魏,大败魏军,取下魏国的襄陵等七城。楚威王因昭阳功大,将传世之宝和氏璧赏赐给了他。

有一天,昭阳同众贵宾游赤山,丢失了和氏璧,疑心是被张仪盗走,鞭笞他数百下,打得他遍体鳞伤,奄奄一息。

张仪病愈回乡后,半年无所事事,就前往赵国求助在赵国为相的同窗好友苏秦。苏秦略施一计,帮助张仪进入秦国,张仪后来成为秦国宰相。

张仪与楚怀王的宠臣靳尚关系非同寻常。靳尚卖国害民,常常通过张仪收受秦国的重礼厚币。自从郑袖将废嫡立庶的重任交给靳尚之后,靳尚的卖国行径更加有恃无恐。

靳尚借机弄权施术，既骗取了南后的宠信，又从张仪那儿获得了更多的贿赂。张仪早有许诺，只要郑袖能保证楚国亲秦而不联齐，那么立子兰为太子的事就包在他身上。张仪代表秦国，而秦国是当今天下最强大的国家，有它做靠山，郑袖的心里就踏实多了。

郑袖虽不想当国王，却是个权力欲极强的人，她一心想要立子兰为太子，将来继承王位，这样一来，楚国的大权就操纵在她的手里了。为了达到这个目的，她不惜任何代价。

只可惜屈原一心只在乎国家和人民，不肯与郑袖做这笔肮脏的交易。郑袖跟屈原反目之后，由靳尚牵线搭桥，迅速和张仪挂上了钩，一拍即合。

有郑袖这棵大树遮风挡雨，张仪使楚，心中十分踏实坦然。拆散齐楚联盟，他有稳操胜券的把握。

张仪此番使楚所带的礼物都是价值连城的稀世珍宝，还有数车金银珠玉和西北特产。靳尚、郑袖、子兰等人，都是些见财眼开、见利忘义的鼠辈，有了如此隆盛的财宝，加以狡猾的手段，张仪便可把他们玩弄于股掌之中。

张仪扮作富商巨贾，带着庞大的车队，浩浩荡荡地来到郢都，在一家豪华的旅店住下。从此他便白昼安歇、夜晚活动,邀靳尚等人来旅店密谋。

五日后的一个夜晚,郑袖秘密接见了张仪,靳尚出席作陪。郑袖与张仪,彼此早有耳闻,但却从未见过面。这次会见,关系到各自利益的成败,因而他们都十分重视。

张仪手提晶莹玲珑、镶金嵌玉的宝箱,在靳尚的导引下步入了郑袖的房间。此刻郑袖正于房内款款踱步。靳尚作了介绍,张仪大礼参拜后,打开宝箱,呈上见面礼夜明珠和水晶篮。

郑袖推让再三,方才收受。将夜明珠放在几案上,吹灭灯烛,室内一片通明。把水晶篮悬挂在窗旁,顿时清风习习,异香醉人。郑袖虽贵为南后,主宰着楚宫,但这样的奇珍异宝,她还是第一次见到。

一丘之貉,一见如故,谈得十分投机,一直谈至子夜过后才散。他们所谈的内容不外乎秦国的强大是楚国的坚强靠山,楚国只有死心塌地依靠秦国,才能够生存与发展;齐国是靠不住的,楚国想要取得秦国的信任,就必须与六国解约,尤其是坚决反对齐国。

想要达到这个目的,必须排斥乃至清除朝野中的亲齐派、合纵派,特别是屈原,有他在,秦楚就休想结为兄弟之好。在如何对待秦国和齐国的问题上,楚怀王常常犹豫不决,举棋不定,目前只有依靠南后郑袖。

"人不为己,天诛地灭",只要郑袖能劝说楚怀王改弦易辙,与秦国结成金兰之好,那么,张仪以政治家的人格为保证,秦国以强大的军事实力作后盾,在适当的时候废熊横而立子兰为太子。这样,楚怀王作古之后,楚国的天下就操纵在郑袖母子的手中了。张仪亲口许诺,而且信誓旦旦地说要了却了郑袖的这一桩心事。

之后,张仪堂而皇之地以秦相国的身份,开始了他正式访楚的国事活动。

张仪大礼参拜,楚怀王还礼让座,二人分宾主坐定。张仪受秦惠王之托向楚怀王问安,楚怀王致谢,询问秦惠王的近况。寒暄品茶之后,张仪便向楚怀王献宝。

楚怀王本就是个贪财图利、见钱眼开的人,见有稀世珍宝到手,自然欣喜若狂,对张仪表现出诚挚与友好的态度。夸奖张仪不计前嫌,为秦楚友好而周旋奔波,是一位难得的济世贤才。

楚怀王的头脑十分简单,他根本没有想到,张仪突然造访,且敬献厚礼重宝,是否会有什么阴谋呢?他要达到怎样的目的呢?楚怀王不仅不假思索、不作分析,不与卿相文武协商,还轻而易举地表示想要授张仪相印。

　　张仪见重宝打动了楚怀王的心,征服楚怀王不费吹灰之力,不由得暗自庆幸,无限欣喜。张仪彬彬有礼地向楚怀王拱手说道:"当今天下,七国争雄,强者莫过于秦、楚、齐三国,秦和于楚,楚必强于齐;秦和于齐,齐必强于楚。臣身为秦国国相,最了解吾王之心。秦楚相邻,兄弟之谊,源远流长,且历代皆有联姻,所以吾王愿世代与楚友好,结为骨肉之盟。齐国是东方的海匪盗贼,自从齐桓公、管仲以来,齐国东侵西掠,嗜杀成性,所以吾王恨之入骨。

　　"今齐楚联盟,吾王不悦。如果楚国能与齐国绝交,吾王不仅愿与楚国永结兄弟之好,还要归还方圆 600 里的商於之地,以表诚挚之敬。如此一来,楚不仅可获得方圆 600 里的膏腴之地,还可取得吾王的信任与支持。有秦国做兄弟,天下列强,谁敢虎视眈眈于楚国? 臣想,如此一举两得之美,大王何乐而不为呢?"

　　楚怀王既贪心,又无政治远见,他看不清列国形势,识不破秦国的阴谋,猜不透张仪的骗局,被张仪的甜言蜜语所惑,只觉得不费一刀一枪,不损一兵一将,便可取回方圆 600 里的商於之地,如果不接受,简直是十足的傻瓜。

　　之前,楚怀王统率六国之师攻伐秦国,这是他的辉煌壮举和无上荣耀。然而那次兴师,六国各自为战,各怀鬼

胎,都怕消耗和损失自己的实力,像一盘散沙。兵至函谷
关时,秦国出师抵敌,六国皆引兵而归,秦国夺得楚国方圆
600里的商於之地,这是楚怀王的莫大耻辱。

从那之后,楚怀王昼夜想着兵败失地的耻辱,一心想
再兴师伐秦,夺回失地。而今,不费唇枪舌剑之劳,秦惠王
竟派人登门奉还失地,岂不是天赐洪福? 正如张仪所说,
如此一举两得的美事,何乐而不为呢? 于是他轻易相信了
张仪的谎言,答应与齐国绝交,同秦国结盟。

屈原一听,连忙起身反对道:"大王,这万万不可。秦
国是畏惧我们齐楚联盟、六国合纵的力量,才派张仪来商
谈秦楚结盟之事,目的是要毁掉合纵,好对我们进行各个
击破。大王千万不要上当啊!"

见屈原这么说,张仪害怕楚怀王会后悔,连忙对靳尚
使了个眼色。靳尚会意,便对楚怀王说道:"大王,秦楚结
盟既可保我边境平安,又能收回方圆600里的商於之地,有
百利而无一害。屈原这么说,无非是因为他向张仪索要那
一双白璧还未送到他的府上罢了。"

楚怀王听后顿时气得七窍生烟,命人将屈原赶出
宫外。

屈原被莫名其妙地赶出宫门后,久久不愿离去。他幻

想着楚怀王能够回心转意，希望楚怀王还能记得他们曾经说过要用改革振兴楚国的誓言。可是直到天黑，楚怀王还是没有改变主意召他回宫。

屈原绝望了，他失魂落魄地走在郢都的大街上。看着城中的繁华景象，想着自己现在落魄的模样，屈原不禁悲从中来。屈原知道，他苦心经营多年的变法改革就要被搁浅了，而他一直想要振兴楚国的理想也将化为泡影。

再次出使齐国

屈原被赶出宫后,楚怀王一直被靳尚和张仪蛊惑着,他一心只想尽快拿回方圆 600 里的商於之地,根本没有想到这是一个陷阱。

按照张仪的要求,楚国须先同齐国断交,秦国才会与之结盟。于是,楚怀王下令北关守将不再与齐国通使。然后又赐张仪黄金百镒,并派逢侯丑护送他回秦国,并接收商於土地。

来到咸阳之后,为尽地主之谊,张仪决定设宴招待逢侯丑。席间,两人相谈甚欢,高兴得忘乎所以。尤其是张仪,喝得酩酊大醉,最后临别时竟不小心摔下了马车,把脚跟给摔伤了。不得已,张仪只好将逢侯丑安置在驿馆等候,自己先去就医。

没想到,逢侯丑这一等竟然等了两个多月。最后,逢侯丑实在等不下去了,就亲自去拜见秦惠王,秦惠王对他说道:"张相许诺的事情,寡人一定不会食言。但是齐楚至今还未断绝关系,接收土地的事还是等张相伤好了再说吧!"

事实上,张仪是假装摔伤脚踝,此时他正在府上等着看接下来的好戏。

逢侯丑见秦惠王迟迟不肯将土地交给他,就连忙遣人回国禀告楚怀王。楚怀王接到消息后,心想:"难道这秦国是嫌我与齐国断交断得不够彻底吗?"于是,楚怀王赶紧派人到齐楚边境大骂齐宣王,以示断交的决心。

齐宣王听说楚国派人辱骂自己,一气之下派人到秦国与秦国结盟共谋伐楚。

直到这时,张仪才出来见逢侯丑,并且一脸困惑地说道:"将军怎么到现在还不回国?难道是接收土地之事还没有办好吗?"

逢侯丑就把秦惠王对他说的话说了一遍。岂料,张仪竟然说:"区区方圆6里的土地,何苦费这么大周折呢?"

逢侯丑一听,惊异地说道:"方圆6里?不是方圆600里吗?"

张仪笑着说:"当然是方圆6里,是你们听错了。谁会傻到把那么一大片国土拱手送人呢?"

听张仪这么一说,逢侯丑才知道中了秦国的奸计,当即快马加鞭赶回楚国向楚怀王汇报。楚怀王知道中了计,气得差点吐血,破口大骂张仪道:"无耻小人,真是欺人太甚,竟然敢行骗到寡人头上!如果让我逮到他,非得扒了他的皮、抽了他的筋!"

平静下来之后,楚怀王幡然悔悟:"我当初若是听从了屈原的劝谏,也不会落得如此下场。"但是,楚怀王又太注重颜面,不好意思在被骗之后再召屈原回来。

于是,为了雪耻,楚怀王决定命屈匄为主将、逢侯丑为副将,率领十万大军,以惩治张仪为名伐秦。得知楚怀王将要伐秦,屈原心急如焚,他想要劝谏楚怀王打消这个念头。可是苦于求见无门,只能眼睁睁地看着事情发生。

秦楚战争打响之后,秦国立即邀齐国发兵助阵。多年来,楚国一直疏忽军队训练,再加上突然备战,自然缺乏战斗力。而秦国和齐国的兵则不同,他们的国家都非常重视军事,又经常兴兵攻打别国,所以都是一群虎狼之师。楚国与这两国交战,犹如羊入虎口,哪有不败的道理。

这一战,楚国损失惨重,主将副将双双阵亡不说,还损失了八万多兵力,并且汉中大片土地都被秦军所夺。面对如此大的损失,楚怀王不仅没有吸取教训,反而变本加厉,拿出全国的兵力与秦国再战。虽一度攻占蓝田,但最终免不了以战败告终。

另一方面,韩、魏两国因恨楚怀王曾背约和秦,在楚国之后进行袭击。眼见两面夹击,腹背受敌,楚怀王十分恐慌,连忙派人向秦国求和。求和的代价是,除沦陷的汉中之地外,楚国再割让两座城池给秦国。

经过这次教训,楚怀王痛定思痛,决定好好收拾残局。这时,他又想起了自己曾经的智囊屈原。

将屈原召回宫中之后,楚怀王先做了深刻的检讨,然后说出了自己的打算。他希望屈原能够再次出使齐国,向齐宣王谢罪,重修两国关系,共谋抗秦的大计。

听完楚怀王的打算之后,屈原感到非常欣慰,虽然他知道重修齐楚两国关系难度较大,但他还是欣然接受了使命。毕竟,他敬爱的国君恢复了往日的清醒,知道了目前怎么做才是对楚国最有利的。

不过,虽然接受了使命,但是屈原的心里还是有些不踏实,因为他对劝服齐宣王并没有十足的把握。这次确实是楚国不对,是楚国背叛了与齐国的盟约投靠了秦国,也破坏了六国合纵。而且,一时被利益冲昏头脑的楚怀王还曾派人到边境大骂齐宣王。

这种种事件,足以证明楚怀王是个背信弃义的小人,根本不值得相信。如今,楚国大败而归,损失惨重,又想起了曾经的盟友,这任谁都难以接受。因此,屈原清楚地知道,这次任务艰巨,风险极高。

不过即使这样,屈原也乐于前往。因为放眼整个楚国,没有比他更合适的人了,毕竟他曾出使过齐国,齐宣王对他非常敬重。而且,楚怀王一直都是屈原实现理想抱负的寄托。楚怀王这样的举动,更是让连日来被疏远的屈原看到了楚国的希望。因而,此次前往齐国,屈原义不容辞。

果然,楚怀王派屈原来齐国是派对人了。因为齐宣王听说楚国派人来修好时,并不打算接见,但听下臣说还是上次来的那位屈原屈大人时,便又改变了主意。且不说屈原是楚国派来的使臣这一层关系,只说屈原与齐宣王的交情,哪怕当是朋友路过,齐宣王也要大摆宴席为他接风。

与上次使齐不同,屈原这次并没有滔滔不绝地向齐宣王讲起天下大事,也没有先谈重归于好的事,甚至没有说一句抱歉的话。但是,齐宣王从屈原的神情和举止中看出了一切。

齐宣王早就听说了屈原在楚国的遭遇,知道屈原蒙了羞,受了辱,被奸人陷害,遭楚怀王离弃。这对于心志高洁的屈原来讲,比要了他的命还让他难受。

于是,齐宣王宽慰屈原道:"如今'楚才晋用''择明君而佐之'是天下的大势,如果你在楚国待得不快乐,为什么不另找依靠呢？如果你愿意，我齐国的大门随时为你敞开。"

　　屈原先是谢过齐宣王的好意，然后悲痛地说道："我一个人的荣辱安危是小，可我不忍心楚国的百姓也跟着受苦。如今七雄争霸，暴秦肆虐，楚人深受其害。如果我再不好好辅佐楚怀王，任凭那些小人阻塞圣听，愚弄君王，那么楚国的百姓将深陷水深火热之中。楚怀王是一个好国君，他内心深处是希望振兴楚国、保百姓平安的，只不过总被奸人利用，像这次与齐断交……"

　　听到这里，齐宣王已经明白屈原的意思，他是个聪明人，根本不需要屈原多费唇舌。齐宣王这次答应与楚国重归于好，除了考虑到天下形势外，最重要的是他被屈原的个人魅力折服，他钦佩屈原的才华，同情屈原的遭遇，更欣赏屈原那一腔爱国之心。

　　最后，齐宣王答应屈原与楚国重修于好。但他并没有立即放屈原回去，而是提出让他留在齐国陪自己欣赏美景、谈天说地。屈原虽然担心楚怀王，但是盛情难却，于是便答应齐宣王多在齐国逗留几日。

对楚怀王充满愤慨

楚怀王虽然在与秦国交战失利中吸取了教训，但他仍然咽不下被张仪耍弄的这口恶气。正当楚怀王寻思着用什么办法把张仪弄到楚国的时候，秦国派使者过来，商量割地求和的事情。

秦国使者转达秦惠王的意思道："秦国不要楚国另外割让的那两座城池，而要用夺取的汉中之地的一半交换楚国的黔中之地。"

听完秦国使者的这个要求，楚怀王瞬间想到要用什么办法把张仪弄来了，他眯着眼睛对秦国使者说："秦国既然不要我那两座城池，我也不需要秦国用汉中之地来同我换黔中之地，只要你们国君答应把张仪送过来，我就把黔中之地拱手相送。"

秦惠王得知这个消息，便召集群臣商量，凡妒忌张仪的人都说："以一人换取黔中数百里膏腴之地，其中的利益是非常大的。"

秦惠王却说："张爱卿与我情同手足，我怎么能因贪恋土地而自断手足呢?"

秦惠王这番言辞令张仪感激涕零,他长跪于地拜见秦惠王说:"臣愿前往楚国!"

秦惠王说:"楚王恨爱卿深入骨髓,寡人岂能遂其愿,让爱卿去送死呢?"

张仪视死如归地说道:"如若用我一人,换回黔中数百里沃野,这是臣的荣幸。况且楚怀王未必一定会杀了臣,臣怎么能因为害怕而不去呢?"

秦惠王问道:"难道爱卿有什么锦囊妙计吗?"

应秦王之问,张仪简略地叙述了他与靳尚、郑袖的关系,特别强调楚怀王器重靳尚而又宠爱郑袖,他们两个人内外用事,左右朝政。

张仪还向秦惠王介绍了郑袖急于废嫡立庶,彼此间达成的许诺,以及极力主张联齐抗秦的屈原已被罢免左徒之官,夺去参与朝政的权力,这对秦国十分有利。充分利用这些有利条件,巧妙周旋,楚怀王未必能够杀了他。

最后张仪说:"臣因方圆600里的商於之地欺骗楚国,才引起这场秦楚大战。事由臣起,只有臣亲自前往当面谢罪,秦楚间的怨恨才能消除。只要魏将军留兵汉中,楚怀王就不敢轻易杀臣。"

秦惠王觉得张仪说得很有道理，便答应了他使楚的请求。

公元前311年盛夏，张仪一到楚国就被楚怀王下令捆绑了起来，说是等屈原出使齐国回来后再杀他。

当夜张仪用重金再次拉拢靳尚。靳尚心满意足，便奉张仪的差遣去见了郑袖。

"南后，"靳尚诡秘地说，"听说张仪又带来10个新选的美女。"

"这个恶棍！"郑袖醋意大发，"他究竟要干什么？"

"干什么？"靳尚装作不解，"自然是要献给大王了。"

"我是说为什么要献给大王这样的礼物。"

"这个……不清楚。不过这10个美女个个貌如天仙，臣亲眼看见了。当然，她们谁也比不上南后的美貌。"靳尚讨好地看了郑袖一眼，把话题又转向了既定的方向，"这些女孩子看上去都不过十六七岁，真跟水葱似的。"

靳尚这一提醒，郑袖想到了自己的年龄，嫉妒中便掺入了感慨和恐惧，连喊："不能让他进献！"靳尚见此，知道火候到了，该谈条件了。

失宠对于后妃来说是不堪设想的，一切荣华、一切骄傲、一切权力都将化为飞烟。为了固宠，她们会不惜一切代价的。

"如果他执意要进献呢？"靳尚进一步说。

"那就让大王杀了他。"

"大王接受了美女，还肯杀他吗？"

"那就派人去刺杀他。"

"可那样做就会给楚国带来横祸。听说秦国军队就驻扎在边境上。"

"那我到底该怎么办？你愈讲愈莫名其妙，真是没用的废物！"

郑袖破口大骂，靳尚却既不惧怕，也不生气，反倒慢条斯理起来。他娓娓道来："昨天张仪来楚，被大王囚禁起来，现正监押在死牢里，不日将被斩首示众。张仪被杀，谁为南后废熊横而立子兰为太子？秦惠王十分喜爱张仪，想要将亲生女儿嫁与大王为正宫，且选秦宫中能歌善舞的美女赠给大王作嫔妃，以赎张仪。秦宫送来的都是绝色佳丽，南后一定会失宠于大王。臣怎不痛心疾首、涕泪交流！"

靳尚说着，哭得越发伤心起来。

靳尚这一哭不要紧，但郑袖的危机感立马袭上心头，说话也不由得结结巴巴起来："那……大……大人，你说我该怎么办呢？"

靳尚见郑袖的反应,正中下怀,便赶紧出谋划策道:"娘娘,为今之计只能劝大王放走张仪。张仪走了,这一系列麻烦也就没有了。而张仪得救之后,必然对您感恩戴德,日后这谋换储君的事他哪有不尽力的道理呢?"

郑袖一听,觉得有理,当夜就去游说楚怀王。一见楚怀王,郑袖便哭着扑倒在他的怀中,眼泪汪汪地说:"大王,臣妾听说您要杀掉张仪,心中觉得大为不妥,很担心您与楚国的安危。"

见楚怀王一脸惊愕,郑袖便接着说:"这张仪是秦相,杀了他必定会激怒秦王,到时候秦王势必会命令驻守在汉中的秦军为张仪报仇。秦军的实力大王已领教过了,真要再打起来,楚国必有亡国灭族的危险啊!到时候,不仅楚国生灵涂炭,你我夫妻恐怕也会身首异处。由此可见,杀张仪对您是百害而无一利的。即便您真的杀了张仪,也难解心头之恨。毕竟张仪为秦相,所作所为都是为了秦王,都不是他的本意。如果大王能网开一面,赦免张仪的死罪,他日后一定会感念大王的恩德,说不定还能为您所用呢。"

楚怀王没主见、耳根子软的老毛病又犯了,几经郑袖蛊惑,决定不杀张仪,具体处置办法,之后再议。

第二天,靳尚见缝插针,乘虚而入,趁热打铁,对楚怀王说道："大王杀张仪,对秦国来说没有什么害处,反而将楚国置于不利的地位。秦国得到楚国黔中数百里之地,便会对楚国形成包围之势,随时可将楚国吞而食之。放了张仪,黔中之地便可保住。楚国有了屏障,百姓才得以安寝。希望大王三思定夺。"

靳尚与郑袖你一言我一语,紧锣密鼓地敲敲打打,真的把楚怀王的心给说转了。楚怀王不仅释放了张仪,还用厚礼款待他,说了许多请张仪帮忙指教的话。

屈原出使齐国回来,听说楚怀王放走了张仪,气得捶胸顿足,差点当着楚怀王的面说出"果真是烂泥扶不上墙"这种大逆不道的话来。如果楚怀王是自己的孩子,屈原真会杖责他,狠狠地教训他一顿,令其悔而改之。可是,这是堂堂一国之君,为人臣子,无可奈何!

屈原许久无法开口,他浑身哆嗦,面色灰白——就连当初他被罢黜左徒之官不能参与朝政也不曾这样伤心过。他真想愤然转身离去,从此不再见这位糊涂的君王。

然而,国事、民利、天下事,重担在肩,早就以身许国的屈原,怎么能够意气用事呢? 他尽量使自己保持镇静,平息胸中的愤怒,自我宽慰半天后说:"之前大王受张仪欺骗,丧权辱国,痛失国土,民生涂炭。今日张仪来楚国,臣以为大王必会杀了他,烹食其肉。万万没想到,大王不仅不治张仪的罪,反而相信他的邪说,背信弃义,释放仇敌,这可是让天下百姓鄙视的行为。大王这样做,岂不是让百姓心寒、天下共愤吗?"

听了屈原的话,楚怀王深感后悔,急忙派人驱车追赶张仪,但张仪早已狂奔离开楚国,哪里还能追赶得上。

在动荡的时局中

公元前 311 年,秦惠王去世。之后,他的儿子武王嬴荡继位。秦武王不满张仪,张仪就避居在魏国。公元前 309 年,张仪死于魏国。也就在这一年,秦国初置丞相,以樗里疾、甘茂为左右丞相。

这时候的列国形势似乎有了些变化,合纵的可能性又增大了。公元前 309 年,齐宣王想要为纵约长,写信给楚怀王,约他合纵。此刻楚国已经暗合于秦国,对齐宣王的邀请有些犹豫不决,便召集群臣商议。

靳尚还是原来的老腔调,他说:"合秦比六国合纵更有益处。合秦,就是秦楚强强联手,齐国与其他各国日后定不敢对楚国有所冒犯。同时,我们也缓解了与秦国长期以来关系紧张的局面,更为百姓解除了受秦国欺凌的隐患。"

听了靳尚的话,一些贪图安逸、受贿强秦的大臣也都跟着附和。

不过,一向正直不阿的昭睢将军却提出了反对意见,他说:"秦兵连年来夺我土地,虐我百姓,是虎狼之邦,不足为信。况且先前张仪欺骗我们楚国,使得楚国与秦国最终兵戎相见,楚国因此损失惨重。后来大王您又不慎放走了张仪,更让我们楚国成为天下的笑柄。如此惨痛的教训,如此深仇大恨,如此奇耻大辱,我们怎能轻易忘记呢?所以,为一雪前耻,我们应该接受齐宣王的建议,重新与六国建立合纵关系。

"况且,齐宣王在信中已经说过,秦国丞相樗里疾亲善韩国。如果我们能够与齐国和韩国交好,厚待樗里疾,那么楚国就能与两国一起夺回被秦国侵占的土地。秦国已攻破了韩国的军事重镇宜阳,可是韩国仍然与秦国交好,为秦国效命,这是因为韩国先王的陵墓在平阳,与秦国的武遂相距不过 70 里所致。

"如果大王能够帮助韩国从秦国手中夺得武遂,那韩国一定会对大王感激不尽。那时,他们再好好拉拢樗里疾,即使秦王知道了,可看在我们合纵的势力上也不敢赶走樗里疾。那么,我们便可从樗里疾那里获得有利于楚国的信息了。"

听了昭睢的这番分析,楚怀王十分赞赏。他当机立断,决定不合秦国,而合齐国以善韩国。

这时候的屈原已经无权参与朝政了,昭睢的这些议论是事先跟屈原商议好了的,因而亦可算作是屈原的意见。

秦武王争强好胜,大力士任鄙、乌获、孟说都因此位居高官。公元前307年,八月,秦武王与孟说比赛举"龙文赤鼎",结果两眼出血,胫骨折断,到了晚上,气绝而亡,当时年仅23岁。秦武王无子,群臣迎立秦武王异母弟,在燕国作人质的公子稷回国继位,是为秦昭王。秦昭王的母亲是楚国人,号宣太后,任命她的弟弟魏冉为将军。

秦昭王初立,又对楚国进行拉拢。公元前304年,秦国厚赂于楚国,楚怀王因贪图财物以及秦昭王许诺的大批秦宫佳丽,又一次做出了背齐合秦的丑事。而且,秦国和楚国双方又约为婚姻之国,使秦国迎妇于楚国、楚国迎妇于秦国。

屈原虽然被野蛮地、不公正地剥夺了参与朝政的权力,但他依然心系着楚怀王,关注着朝中发生的每一件事,因为这关系着楚国的前途和命运,关系着千百万人民的疾苦。

屈原无权参与朝政,但还有陈轸、昭雎等文臣武将在。所以屈原常常与他们聚在一起,彼此交换意见,统一认识,然后由他们向楚怀王或直陈,或讽谏,或强谏。

这虽说是屈原继续参与朝政的一种形式和方法,但毕竟是隔着一层皮,不像先前他以左徒的身份与楚怀王促膝倾肠时那样方便、直截了当。而且,对问题的敏感、认识的深刻程度、旁征博引的辩才、应付千变万化的能力,等等,陈轸和昭睢都无法与屈原相比。他们只是彼此见解大致相同罢了,因而劝言效果很多时候都不太理想。这就使屈原整日忧心如焚,吃不下,睡不安,身体一天天消瘦,精神也大不如从前了。

屈原忍受着被人刁难凌辱的屈辱,几次三番托人捎信要拜见楚怀王,可是都被拒之门外。眼看着面见无门,屈原又改上奏章,可是这些奏章一入宫门便石沉大海了。屈原不知道这些奏章是楚怀王看了不想回复,还是被靳尚等人截下来,根本就没有被呈上去。

秦国刚与楚国约为婚姻之国不久,同年秦昭王又开始与楚怀王商定在楚国黄棘订立黄棘之盟,还许诺答应归还先前秦兵攻占的楚国土地上庸。楚怀王觉得黄棘之盟有利可图,便不顾朝中多数大臣的反对,爽快地应允了秦昭王的提议。楚怀王做了如此昏庸之事,一旦屈原得知这一消息,他心中的愁苦和悲伤便可想而知了。

遭流放而作《离骚》

听说楚怀王要与秦国订立黄棘之盟,屈原顿时感觉五雷轰顶,对楚国的命运产生了深深的担忧。虽然如今的他根本得不到楚怀王的信任,根本不能改变什么,但他觉得自己绝对不能坐以待毙。

于是,屈原又与将军昭雎、大臣陈轸等反对合秦的朝臣商议,联名反对楚怀王与秦国订立黄棘之盟。不过,昭雎与陈轸等人虽然竭力劝说,但都无济于事,楚怀王仍旧一意孤行。

这日,昭雎与陈轸破例带着屈原一同前去面见楚怀王,欲将黄棘之盟的利害关系为楚怀王言明。在昭雎与陈轸相继劝楚怀王无果之后,一直站在旁边未开口的屈原说话了:"下臣屈原,参见大王。"

楚怀王一听是屈原,便觉得奇怪,问道:"三闾大夫,你不好好管理祭祀的事情,跑到这里来凑什么热闹?"

屈原不卑不亢地回答道:"臣如今还食着朝廷俸禄,自然关心楚国的前途命运。微臣曾经为大王分析过当今天下的形势,我们若想振兴楚国,唯有与六国合纵,一同压制楚国一统天下的最强对手秦国。可是如今,一切都颠倒了,大王不仅不再抗秦,反而做出亲秦背约之事,简直是趋利忘义。难道大王不怕天下人耻笑您目光短浅、心无百姓吗?"

楚怀王不等屈原说完就说:"住口!你真是胆大妄言。当初你为张仪没能及时贿赂你而阻碍我合秦,如今已无参政之权还敢在寡人面前卖弄你所谓的见识,真是不知天高地厚。寡人不管你是何居心,希望你能就此打住。寡人念你曾经为变法改革出过力,不与你计较。不过,如果此次不对你稍加惩罚,你日后必然更加肆无忌惮。所以,寡人决定将你流放,希望你能认真反思悔过。"说完盛怒而去。

昭睢与陈轸见屈原惨遭如此待遇,都感到愤愤不平,可是又无能为力,只能不住地叹息。不过屈原倒像是早有预料似的,并没有表现出太多的悲伤之意,反而还安慰两人:"两位不要为屈原难过,也不要对楚怀王心生怨恨。他只是一时被秦人蒙蔽,只要你们多多劝解,他迟早会醒悟过来的。我这一去,不知何时才能归来,以后楚国的兴衰、万民的安危都拜托两位了。"

屈原与朝中交好的大臣交代了一番后,便踏上了前往流放地的路途。

在前往汉北的路上，屈原不时听到关于楚国的噩耗，不是楚怀王为与秦国交好，向秦国赠地、赠人，就是楚国某位大臣因反对秦楚联合而招奸佞小人谗害，要么就是楚怀王听信卖国奸臣的蛊惑，替秦国欺压其他列国……每一个消息的传来，都令屈原痛心疾首。

公元前303年，齐、韩、魏三国因楚国背离合约，相约一同攻打楚国，进行讨伐。楚怀王面对声势浩大的讨伐之师，忽感心惊胆战，立马派人向秦国求助。为表达借兵诚意，楚怀王还把太子送到秦国作人质。楚国太子不堪在秦国受辱，于第二年杀了秦国大夫，逃回了楚国。公元前301年，秦国便以此为借口，与齐、韩、魏联合攻打楚国，攻占了楚地重丘。

公元前300年，几国又发动了对楚国的第二次进攻。在这场战争中，楚国损失士兵两万多人，又折损一员英勇大将景缺。眼见着楚国山河破碎、百姓流离失所，楚怀王才幡然悔悟，明白了屈原、昭雎等人所说的齐楚联盟、六国合纵的重要性。于是，他又将太子送到齐国，以求齐宣王能重新考虑齐楚联盟抗秦一事。

屈原虽远在流放地，但闻知楚国发生的沧桑巨变，情不自禁地涕泪横流。

　　流放期间,屈原想通了许多事情,比如对楚怀王的感情和看法。因为楚怀王曾经有过振兴楚国的想法,也曾经非常信任自己并委以重任,二人也算有过志同道合的经历,也共同为楚国振兴富强做出一些成绩,所以屈原对怀王没有丝毫的怨恨,有的只是些许失望和同情。

　　也就是说,屈原对楚怀王仍抱有期望,希望楚怀王有一天能回心转意,明白自己的良苦用心,能够对自己的作为有所悔悟。而对于曾经陷害过他的靳尚和郑袖,屈原仍然怀有深深的恨意,他是个爱憎分明的人,对毫无主见的楚怀王,更多的是惋惜,而对奸诈邪恶的小人就是愤恨了。

　　想通这些之后,屈原的内心豁然开朗了。因而在闲暇时他又重拾对诗歌的兴趣,创作了《抽思》和《思美人》两首诗,他在诗中将自己的遭遇、志向和愿望写得清清楚楚。

　　屈原希望这些诗歌有朝一日能传到郢都,传到楚怀王的耳朵里,使楚怀王有所触动,能够对自己的所作所为有所悔悟。可是,诗歌传出去一两年之后,也没见郢都那边有什么动静。于是,屈原决定静下心来,重新写一篇更好的、更能打动人的诗歌。

有了这样的想法,屈原艰辛乏味的生活便有了新的目标。他想象着这首诗歌的内容,想象着它要比以往所写的诗歌内容更加充实,篇幅更长,寓意更深,既要切合主题,又要包罗万象,而且语言一定要精练有气势。有了一个大致的写作方向后,屈原便开始着手准备创作了。

屈原构思了很久,突然一瞬间,他有了灵感,终于确定要借用一首楚国当时的名曲《离骚》作为自己所写长诗的标题。

屈原回顾了自己短暂的从政生涯,从被楚怀王信任、委以重任到被楚怀王怀疑、抛弃,从执掌楚国内政外交大权的左徒到降为无任何参政权利只做闲事的三闾大夫,再到如今被流放,屈原心中怎会没有离忧之思呢?

在《离骚》中,屈原将"以法治国"的主张诠释得清清楚楚,并暗示楚国君臣之所以蒙昧不明、人民之所以多灾多难,大都是"背法度而心治"造成的。这首诗既向楚怀王以及民众强调在楚国推行法治的重要性,也进一步指出朝中那些阻碍宪令推行的朝臣是多么愚钝昏庸。

"长太息以掩涕兮,哀民生之多艰"一句直接表达了屈原爱国忧民的思想,是《离骚》中的精华部分,更是全诗中心思想的明确表达。屈原热爱楚国、热爱人民,不论身居庙堂,还是惨遭流放,他都始终不忘楚国的兴亡。

《离骚》可以说是屈原命运坎坷的写照,是他惨遭放逐之后有感而发的产物。在诗中,我们可以读出他对自身现状的无奈,读出他远大的理想抱负,读出他忧国忧民的情思,唯独读不出他对楚怀王的怨恨。

屈原想要以诗吸引楚怀王的注意,但他并没有希望楚怀王能回心转意,召他回宫重掌大权然后享受荣华富贵,而是希望楚怀王能悔过,能为楚国的前途和百姓的安危重新振作起来。

第五章

命运多舛

教训学生子兰

公元前300年，秦国再次攻打楚国，大破楚军，楚国损失惨重，并无力还击。这一系列惨痛的教训再一次教育了楚怀王，使他认识到亲秦的危害以及联合齐国的必要性。因而他决定将太子送往齐国做人质，以达到联合齐国与其他四国共抗强秦的目的。

考虑到楚国三番五次背叛齐国，楚怀王害怕求和会遭到拒绝，所以就想找一个得力的人选与太子一同出使齐国。这个得力的人选自然非屈原莫属，于是楚怀王将屈原召回，领太子再次出使齐国。

楚怀王再次想要联齐抗秦，自然是件值得庆幸的好事，然而为时已晚。经过几年的准备，秦国已将大批军队布置在楚国的西、北两面边境上，楚国根本无力抵抗秦军。

公元前299年，秦国一面派兵攻占了楚国八城，对楚国进行军事威胁，一面进行政治上的讹诈。

秦昭王修书一封，派使臣送到楚国。信中说："寡人曾与大王订立盟约，建立兄弟之谊。不承想大王的太子却残忍地杀害了我国重臣,逃回楚国。本来我想着大王会送太子前来谢罪,我顾念着兄弟之谊也就不将此事放在心里。但是没想到大王非但没有这么做,反而还将太子送往齐国为质子,真是太令人气恼了。寡人本想着对楚国重兵严惩,但是念及你我兄弟之情,加之有婚姻之谊,所以为了两国百姓还有双方子女考虑,寡人还是决定与大王化干戈为玉帛。所以这次写信邀请大王来武关赴会,共同商量恢复两国往日友好关系的大事。"

读了秦昭王的来信,楚怀王整日愁眉苦脸,心事重重,不知该如何答复秦国来使。若是应邀赴会,怕其中有诈,秦国仗着自己国富兵强,可能会不讲信义——张仪欺楚的国耻,楚怀王仍记忆犹新,永远也不会忘记。若是拒绝邀请不去,又害怕惹恼了秦昭王,他将破坏秦楚兄弟之盟的罪名加到自己的头上,对楚国兴师严惩。

当时,子兰娶了秦王室的女子为妻,郑袖母子与靳尚相互利用,狼狈为奸,卖身靠秦,一心想要借取秦国的力量夺取王位。而太子熊横正在齐国做人质,如果怀王赴会不归,正称了他们的心愿,可不费吹灰之力地将太子和国王这两顶桂冠同时夺到手中,戴到自己的头上。

于是,靳尚和郑袖打着各自的如意算盘,天天结伴到楚怀王面前说赴会的好处,怂恿楚怀王答应邀请。楚怀王本来就耳根子软,缺乏主见,怎么经得起这两人的软磨硬泡? 于是便答应了秦国的邀请。

赴会的日子到了,楚怀王以为既然是友好聚会,当然不用军队保护,只由靳尚做伴,带了一班随从便出发了。车子走到城门口时被一个人截住了,楚怀王定睛一看,是屈原站在车子前面,心中十分不快,又不免有些惭愧。

只见屈原说:"大王,你去不得呀! 秦国乃是虎狼之邦,素来以欺凌、宰割他国为能事,从未听说过它以仁义待人,我们吃它的亏难道还少吗? 大王身为一国之主,是国人的希望,如有不测,宗庙、社稷恐怕难以保全。望大王三思。"

屈原义正词严,过路人听了都频频点头称是。

子兰走上前说:"老师过虑了。俗话说以心换心,父王此行表明我们有足够的诚心。秦人必将为父王的诚心所感动。从此,我们有一个强大的盟国做靠山,其他各国谁还敢不尊敬我们,不惧怕我们呢? "

屈原看见是子兰,他竟在众目睽睽之下公然和老师对抗,顿时心中一阵厌恶,心下想:"想不到这乳臭小儿竟忍心将自己的亲生父亲推向深渊,真是禽兽不如! 怎么办? 且教训他一番。"

屈原接着说:"子兰公子,你一定知道我国前朝大臣昭奚恤所讲的'狐假虎威'的故事。狐狸与老虎同行,群兽看了都怕,但怕的是老虎,这于狐狸有什么光彩呢?何况如今这老虎有狐狸的狡猾,狐狸反而有老虎的懵懂,狐狸如果进入虎穴,难道还能生还吗?"

这时围观的人越来越多,听了屈原的话,莫不点头称是。子兰觉得扫了面子,满面通红,气急败坏,正要和屈原舌战下去,楚怀王却等得不耐烦了:"你们这样争论下去,岂不耽误了我的行程?迟到是不礼貌的。寡人的主意已定,绝对不会更改。屈大夫,你的主意常常是对的,可是这一次注定是错了。你们师生二人可以回去继续辩论,我可是要走了。"

楚怀王命侍从拉开屈原,扬鞭催马,径直离开了。

楚怀王一到武关,便被驻守在那里的秦军绑架,押到了咸阳。这时楚怀王才发现上了当,但为时已晚。到了咸阳,楚怀王就被秦昭王囚禁起来。秦昭王要挟他割地,他不答应,秦国便不让他归国。而且,秦昭王发兵攻楚,楚军大败,被秦军夺去了15座城池。

公元前297年,楚怀王设法逃出虎口,秦王发现后,立马派人在楚道拦截。楚怀王害怕被抓回,便辗转逃到了赵国,赵国害怕得罪秦国,拒绝收留楚怀王。

之后,楚怀王又去投奔魏国,不料中途被秦兵抓到,又被囚到了秦国。之后楚怀王便郁郁寡欢,最终患病,于公元前296年死在了秦国,后归葬于楚国。至此,秦楚两国断交。

放逐江南荒僻之地

楚怀王被扣的消息不胫而走,朝野震动。楚国朝中诸臣商议,打算另立新君,以摆脱秦国的要挟。

一天深夜,南后又同靳尚密谋。眼下楚怀王被囚于秦国,太子质于齐国,让子兰继承王位顺理成章,也是千载难逢的好时机。次日早朝,靳尚便向公卿大夫提出了这一主张。这时,朝中的许多大臣都跟南后、靳尚一个鼻孔出气,或为他们的走卒爪牙,因而无不举双手赞同。

许多主持正义的文臣武将,虽然义愤填膺,但都慑于他们的权势,低头沉默不语。在这眼看就要表决的千钧一发之际,昭睢挺身而出。

昭睢说:"上官大夫之见实属荒唐,断不可行。熊横是楚怀王与公卿大夫议定的太子,只有太子才是王位的合法继承者,无端废黜太子而立子兰公子,于情不合,于理不公。一来天下人不服,二来齐国一定会发兵为太子争天下,到那时,楚国内忧外患则无法收拾!"

靳尚一伙人虽然一肚子不高兴,可是昭睢的话句句在理。昭睢是令尹,楚怀王不在,他有至高无上的权威,且兵权在握,是诸侯皆闻的天下名将。因此,靳尚不敢明目张胆地让子兰篡权夺位,只好按昭睢的意见办。昭睢亲自去齐国接回太子熊横,扶其继承了王位,是为楚顷襄王。

楚廷之上,是昭睢力排众议,坚决主张立太子熊横为王,郑袖、靳尚和子兰等人却将这笔账记到了屈原的头上。

在他们看来,令尹昭睢不过是一个四肢发达、头脑简单的武夫。自从楚怀王不准屈原参与朝政以来,屈原的意见多是通过昭睢在朝廷之上申述的,或者面君进谏——屈原在幕后策划,昭睢登台表演。

在他们看来,昭睢那通有理有据的、坚决反对子兰继承王位的言辞,完全是在屈原的操纵下表演的双簧,因为昭睢绝没有这样的思想与见地。因此,他们对屈原恨之入骨,决心伺机清除他。

楚顷襄王执政以后,郑袖、靳尚和子兰等人害怕楚顷襄王知道了事实真相而自己性命难保,于是采取先发制人和恶人先告状的策略,借血缘之亲编造谎言。他们诬告屈原、昭睢等人极力想要立子兰为王,是他们执意不肯,坚决与之斗争,昭睢才被迫前往齐国接回楚顷襄王……

如此荒唐的言论,楚顷襄王竟然信以为真。于是他罢黜昭雎令尹之职,以子兰为令尹。如果说楚怀王头脑糊涂,那么楚顷襄王的头脑简直是昏庸了。

楚怀王死于秦国,引起了楚国人民极大的愤慨与社会骚动。人们知道做了令尹的子兰是害死楚怀王的罪魁祸首,都纷纷责骂子兰,并写信给屈原,请他替人民表达要求追究责任的心愿。

沉痛和愤怒使屈原的心一刻也难以得到平静,他便作了《招魂》等诗,表达自己内心的悲痛,也狠狠地诅咒奸臣们的卖国行为,控诉上官大夫和子兰等人。

《招魂》这首诗一时间在郢城中传唱开来,常常是一人唱众人和,哀婉悲凉,好像在哀叹楚国的命运,召唤楚国的灵魂。

狗总是要寻找主人的,自从子兰当了令尹,靳尚又殷勤地向他摇尾了。靳尚在街上听到了《招魂》的歌声,知道这是出自屈原之手,便匆忙到令尹府去告状了。

"大人,"靳尚媚态十足地称呼18岁的子兰,"外边正酣畅地唱着一首诗。"

"一首诗值得大惊小怪吗?"

"诗词是这样的……"靳尚把"这样"二字加重了语气,然后背了部分诗词。

"这是为父王招魂吧？"

"是的。可是人们会想,是谁力主楚怀王去武关赴会的呢？"靳尚眨着像鬼火一样的眼睛。

子兰猛然醒悟,为楚怀王送行时的一幕又出现在眼前。

"大人,依愚见……"

子兰挥手示意,不让他再说下去。

"我自有主意。"子兰回道。看得出他满腹的心机。

子兰来到宫里拜见楚顷襄王,楚顷襄王正准备出去打猎。

"子兰,和我一起去吧！今天天气很好呢！"

"王兄,看来你的兴致很高,我不该扫你的兴。可外面正在唱一首诗歌。"子兰说着背了几句。

"这是为父王'招魂'吧？"

"我看还有别的意思,似乎要和王兄的燕乐生活作对比,诽谤王兄忘记了国耻和父仇。"

"啊！这是谁写的？"楚顷襄王吃惊地问。

"你还听不出来吗,自然是屈原了。"

"可是……"楚顷襄王有点儿犹豫了。

子兰从楚顷襄王的神情中看出,他在念屈原的好处。

毕竟是屈原力主奉他为君,是屈原力排齐国的阻挠,助他回来。如果现在说屈原在诽谤他,他怎么会相信呢?

上天把聪明赋予了一些人,有的人用来为人民造福,有的人却用来欺世害人,子兰便属于后者。他看透了楚顷襄王的心思,立刻又编造出了新的谗言。

"王兄,你知道屈原助你从齐国回来,别人说什么吗?"

"说什么?"

"说屈原想借这个功劳把王兄掌握在自己手心里。"

"他看上去不是很忠诚的吗?什么会有这样的心机呢?"

"忠诚?他那是装出来的。他就是以此骗得父王的信任,让父王对他言听计从的。他怂恿父王和五国联合与秦国对抗,可结果怎样呢?惹怒了秦王,招来了横祸。"

"哦,原来是这样。"颟顸的楚顷襄王还以为自己大彻大悟了。

子兰看到楚顷襄王已被自己说服了,便乘势来个一不做二不休。

"王兄,此人一日在朝,楚国便一日不得安宁。"

"你是说……"

"放逐他。"子兰接道。

"可是,罪名是什么呢?"

"里通外国。"

楚顷襄王有些犹豫,说此事再作商议。

楚顷襄王执政后,虽然为了给楚怀王报仇,执行过一段联齐抗秦的政策,但他经不住小人的怂恿与蛊惑,不久便认贼作父,当了秦王的乘龙快婿。这使屈原感到失望和痛心,他多么希望楚顷襄王能够牢记国耻家仇,永远断绝与秦国的来往,在国内亲贤能、远小人,实行变法图强的政策,振兴楚国,统一天下呀!

屈原不顾朝廷中奸佞小人的打击与陷害,又给楚顷襄王写了一份奏章。在奏章里,他批评了楚顷襄王所执行的错误政策,揭露了几年来朝中奸臣与秦国勾勾搭搭、狼狈为奸的种种罪行,劝谏楚顷襄王坚决为楚国、为楚怀王报仇雪恨。他还写了许多诗篇,一并写入奏章之中。

不过屈原的这些奏章并没有被送到楚顷襄王手中,而是落在了子兰手里,子兰看后气得咬牙切齿。他又听说屈原在民间作诗讽刺和揭露自己的罪行,诗歌已被广为流传,很快就要传到楚顷襄王耳朵里了,深感恐惧,觉得再也容不下屈原了,所以决心立即采取行动,将屈原彻底清除出朝野。

靳尚将那些流传在民间的屈原新作搜集起来,掐头去尾,断章取义。又将屈原的奏章加以巧妙地改造,去掉那些对他们自己不利的东西,乔装改扮之后,一齐拿着上殿面君,参奏屈原。

靳尚还添油加醋地说:"屈原自恃是楚国王族,一直对先王将其降为三闾大夫一事怀有怨恨,现在又借机攻击您,还说您认贼作父,卖国求荣,不忠不孝,根本不配做楚国的国君。"

楚顷襄王听完立即恼火了,也不看屈原奏章到底是怎么写的,便拍案而起,怒骂屈原:"好一个狂妄之徒,真是胆大包天! 不惩此人,难消寡人心头之恨! 他简直是个疯子,让他立即去死!"

话是这么说,但楚顷襄王不敢公开杀害屈原,他知道百姓爱戴屈原,齐、赵诸国同情屈原。如果杀死屈原,百姓会暴动,山东各国也会出兵干预。

于是,公元前296年,楚顷襄王颁旨,免去屈原三闾大夫之职,立即放逐到江南荒僻之地,如果没有王命宣召,永远不得回郢都。

时刻心系楚国

被放逐江南的第二年,屈原与随行者到了长沙。长沙是楚国先王的始封之地,所以到处可以见到当年楚国先王所建的古城、宫殿和太庙等,其后先王陵墓也安置于此。

来到这里,就来到了楚国生根发芽的地方,令屈原有一种回归故里的感觉。而且,此地熊氏人口约占当地总人口的三分之一,到处可见屈原本家。

屈原一来到这里,就受到当地百姓的隆重接待。不管是屈原的同族本家,还是其他姓氏的百姓,都争相前来看望屈原。他们对屈原的遭遇深表同情。当屈原说起天下形势、国君昏庸、楚国安危、佞臣恶行、民生疾苦时,他们都屏气凝神,唯恐遗漏一字一句。

听完之后,直脾气的长沙百姓全都义愤填膺,有的咬牙切齿,有的破口大骂,还有的摩拳擦掌好像要将楚国奸佞小人暴打一顿一般。发泄完心中愤恨之后,百姓们纷纷劝说屈原不要再过那种颠沛流离的生活,并热情地挽留他在长沙住下。

屈原深知自己是个被流放的人,本想拒绝大家的好意,但是实在不忍伤了长沙百姓的诚心,只好答应暂住长沙。

屈原虽然被放逐,但他仍然心系楚国的命运。他深知长沙百姓生活艰苦,便想趁着暂住的这段时间,充分了解他们的疾苦,以便有朝一日返回郢都重新参与朝政时可以制订相应的政策,为百姓谋福。

于是,对百姓邀请屈原到家中做客的请求,只要有时间他都会答应。因为近年来灾荒战乱不断,官府又不管百姓的死活,只顾横征暴敛,所以长沙百姓的日子过得十分艰难。

不过,将屈原邀请到家中做客的招待之食,却是百姓自家养的鸡和平时舍不得吃的白米饭。屈原吃着主人家最好的待客之食,不禁眼含热泪,食不下咽。百姓们知道,三闾大夫不是嫌弃他们的饭菜,而是在替他们过着这样的苦日子感到难过。

当然,除了深入百姓的生活外,屈原也会去凭吊先王的遗迹,因为他觉得这样能够稳固他的爱国热情,激发他不懈拼搏的斗志。不过见到这些先王遗迹之后,却令他大失所望。长沙城西湘江东岸的先王古城遗址,早已不见了往日的辉煌,成了残垣断壁。古城旁边的先王太庙也已杂草丛生,杳无人迹。岳麓山下的先王陵墓破败不堪,随处可见残垣断壁。

见了这些景象,屈原哪里还有什么自豪感和奋发向上的斗志呢? 有的只是伤感和沉重罢了。这种伤感和沉重在屈原暂居长沙期间从未消失过,使得他的心情始终抑郁沉闷。

为了排解心中的郁闷,屈原便想拜访当地的贤达志士,从听取他们的政治观点中寻找出路。可是这些所谓的贤达志士,大部分都明哲保身,对屈原避而不见。而那些迫于舆论压力与屈原见面的人,根本就无心与屈原谈论国家大事,往往含糊其词,顾左右而言他。这令屈原十分痛心和失望。

国家的栋梁之材尚且如此,楚国还有什么振兴的希望可言呢? 屈原的心情越来越郁闷,他甚至不想再待在长沙了。

这几日,屈原一直在思考要用什么借口向热情的长沙百姓提出离开的想法。

忽然有罗子国的使者来报,说罗子国国王罗宣王前来长沙拜访屈原。听说罗宣王亲自来拜访自己,屈原有些受宠若惊,便赶紧出门迎接。

这个罗子国在长沙北不足百里的地方,位于汨罗江畔,是由楚国先祖同宗族人发展而来的。自公元前690年被楚武王攻伐灭国之后,它便被并于楚国,变成了楚国境内的一个小小的诸侯国。

屈原当年执掌内政外交大权时,曾与罗宣王有过接触,还曾经多次为罗子国谋取福利,这令罗宣王感激不尽。所以一听说屈原在长沙,罗宣王便连忙邀请他到国内居住。

屈原心想:"既然我连日来愁苦不堪,正打算要离开长沙,不如到罗子国去散散心。"

进入罗子国境内后,屈原见到的是与长沙完全不同的景象:这里背山面水,溪流清澈,湖泊见底,树种繁多,奇花异草丛生,珍奇鸟兽随处可见,是一个放松身心的好地方。

屈原自从来到这里,便受到了贵宾的待遇,天天参加罗宣王为他而设的各种宴席,可以说是山珍海味不断,莺歌燕舞不绝,比他当年出使齐国受到的待遇还要高。

不过,面对这些,屈原并没有表现出太大的兴趣,他反而整天愁眉不展,一副心事重重的样子。罗宣王见状,关切地询问道:"三闾大夫,你这样闷闷不乐,莫非是嫌弃寡人招待不周吗?"

屈原见罗宣王误会,连忙摇头说道:"大王千万不要误会,您知道我是因直言进谏而被小人谗害才被流放到江南的,所以内心本就不快。现在,眼见国家一天天陷入危机,君王仍旧昏庸不察,小人依然横行霸道,生灵涂炭,且外有强秦觊觎,可谓危机四伏,我哪里还有心思品尝山珍海味,欣赏莺歌燕舞呢?"说着,屈原号啕大哭起来。

听了屈原的这番话,罗宣王心中也很不是滋味,他为屈原遭受的不公待遇感到可悲,更对屈原在如此悲惨的境地依旧心系楚国而感到可敬,为楚国君王失去如此忠贞贤臣感到可惜。

罗宣王连忙安慰屈原道:"您也不要过于悲伤,楚顷襄王刚刚即位,不谙世事,因而才会被奸佞小人蒙蔽。等不久之后他想清楚了,一定会召您回宫,共商振兴楚国的大计。所以,为了楚国,为了百姓,您一定要保重身体,保持乐观的心境。"

在罗宣王的安慰之下,屈原暂时摆脱了忧愁,重新燃起了报国的希望。罗宣王为了进一步让屈原从愁苦中解脱出来,便提议带屈原上城楼散散心。

或许是因为屈原太过担心楚国的安危,精神一直高度紧绷着,他在城楼上看见远处有一朵乌云,便联想到了楚国战乱的硝烟,心中担心得不得了;看见天边燃起的火烧云,就想象成秦军火烧郢都的火光,马上捶胸顿足起来。

　　罗宣王见屈原心系楚国命运至此,在心生敬慕之余也为屈原感到惋惜。一个被君王抛弃、被奸臣所害的人,以区区一人之力,为国家命运奔走呼号,为百姓安危茶饭不思,这是怎样的一种爱国情操啊!罗宣王甚至不能准确地形容自己当时的心情,只能说屈原的这种爱国行为十分悲壮。

未曾忘国之忧

公元前 293 年,秦国大将白起于伊阙大败韩国和魏国的联军,杀敌 24 万,俘获魏国大将公孙喜。秦国趁此威胁楚国,派使臣下书给楚顷襄王,信中说,楚国背叛了秦国,秦国将率领诸侯讨伐楚国。楚顷襄王吓得心惊肉跳,忙聚群臣商议如何向秦国乞求和平。

在这一年里,屈原自长沙向沅水流域继续西行。他在滔滔江河湖泊上航行,在崇山峻岭间攀登,在茫茫原野里奔波。但他时刻都在缅怀楚怀王,担心楚顷襄王,心系郢都,忧虑楚国。他幻想着楚顷襄王有朝一日能将自己召回朝中,接受其"美政"纲领,君臣一心,上下同德,共振荆楚。这样的话,楚国的江山社稷还是大有希望的。

公元前 292 年,楚顷襄王为了讨好秦国,秦国也为了能再次利用楚国牟取暴利,两国达成一致,结成姻亲之好,楚国迎妇于秦。听到这样的事情,屈原已经不像先前那样激动不平了。

按照楚国朝中君臣不思进取的一贯作风,比这再可耻的事情或许也做得出来。屈原的心已经冷到了极点,不管多大的冲击他都能经受得住了。不过,他的内心还是会隐隐作痛,因为忧国忧民的情思从未从他的心中抽离出去。

屈原登舟,逆沅水而上,到达枉渚暂驻。沅水自南而来,到了辰阳绕了一个弯,向东北经枉渚注入洞庭湖。枉渚一带,湾多、滩多、漩涡多,行船异常艰难,所以行进速度十分迟缓。

公元前291年,秦将白起攻韩取宛,司马错攻魏取轵、攻韩取邓。宛之前属于楚国,后归于韩国。宛与邓都是冶铁中心,所以楚国和韩国都以铁兵器锋利而著称于世。

屈原自枉渚去辰阳,之后又到了溆浦,在溆浦居住了四年。在这期间,他曾经向北返回枉渚一次。

溆浦位于今湖南省西部,地处沅水中游、溆水之滨,南与雪峰山相接,四境群山叠嶂,海拔700多米,是一个十分荒僻的地方,山上林木遮天蔽日,野兽经常出没,百姓生活困苦不堪。这里的人虽说谁也没有见过屈原,但这位忧国忧民的清官却是家喻户晓、人尽皆知。人们对屈原十分敬重与爱戴,特意将他安顿在溆水河畔的一座小山上,还用山里的竹木和芭茅为他建起了三间茅草房。

虽然不能跟郢都的楚宫和屈原的橘园相比,但屈原总算暂时结束了颠沛流离的生活，有了栖身之地、遮风避雨之所。不要看这茅草房十分不起眼，但却冬暖夏凉。

这里纯真、恬适、静谧，自然环境十分优美，山青得滴翠，树绿得冒油，花美得像新娘，树上的飞禽和林中的走兽像天使一般，溪水潺潺流淌。数不尽的清池深潭遍布山林，就像漫天的星斗一样。中秋明月，像姑娘那多情炽烈的眼睛。

屈原在这里生活得依然很有规律，他每日晨曦微露便起身，穿戴盥洗之后，就到茅屋后密林的草地上去舞剑，一招一式，一来一往，像当年一样不肯有丝毫懈怠。练着练着霞光染醉了山冈，灿烂的朝霞从密林枝叶的罅隙照进草地上。这里的空气清新，景致优美，环境幽雅。

屈原为人十分随和，他与渔民农夫交朋友，彼此亲如家人。人们都知道屈原博闻强识，是位无书不读、无所不知的博学君子，且曾为当朝一品高官，因而所到之处，便有许多百姓相随，他们七言八语地询长问短，屈原耐心地逐一解答。凡听过屈原讲解的人，均有"闻君一席话，胜读十年书"般的感慨。

屈原的生活并不孤独，他来到溆浦不久后，便拥有了一个庞大的"家族群"，孩子们喊他"爷爷"，年轻人唤他"叔叔""伯父",同龄人则亲热地叫他"我的弟兄"。

屈原常随渔船扬帆江上,他常应邀到百姓家里做客,了解民众的生活,嘘寒问暖。他吃百家饭,餐桌上常常摆放着张家送来的鱼、李家送来的虾、王家送来的蟹、赵家送来的米饭。

在这样的环境中生活,倘若没有诸侯纷争,没有强秦入侵,没有奸佞卖国,没有万民受饥饿寒冷之苦,屈原一定会心旷神怡,留下更多光辉灿烂的诗篇,健康长寿到百岁。

然而,屈原此刻是在流亡途中,他的心时刻都在滴血,从来没有过瞬息的安宁。个人的吉凶祸福与安危,屈原早已置之度外,他心中装的是楚国的江山和黎民百姓,惦念的是楚顷襄王和郢都,担心的是强秦与奸臣勾结,荆楚的锦绣河山不久将被强秦的铁蹄所践踏,人民将陷于水深火热之中。

因而,这几乎能令人成仙得道的锦山秀水,却未能让屈原的心胸有多少松弛与欢悦。不过,屈原毕竟不是凡夫俗子,他有海洋一样宽阔的胸怀与度量,他总是居高临下地向前看,对楚国的未来始终没有绝望。他希望自己具有常人所不具备的气度与胆识,成为强者,为楚国的复兴、人民的幸福和天下的统一顽强地生活着。

　　屈原痴痴地幻想着楚顷襄王能够悔悟,召他进朝,共同商讨富国强兵的大计。有了这个强有力的精神支柱,屈原便不再沮丧,不再颓废。虽然他夜夜辗转难眠,顿顿不思饮食,体态消瘦,形容枯槁,但却依然精神矍铄,谈吐不俗,争辩起问题那咄咄逼人的气势不亚于当年。

独醒的忧国之士

　　溆浦的百姓与屈原朝夕相处,每天一大早就能看到屈原穿戴整齐,到茅屋附近的河边梳头洗脸。白天百姓们还能偶尔遇到他在水边清洗帽子,而且还不止一次,这肯定就是他"日三濯缨"的习惯了。

　　有一天,屈原骑着马在茅屋附近的山上转悠,目的是找到一条清澈的小溪来供自己洗帽。最后,他在后山坡下找到了一条又窄又浅的小河,河水非常清澈,里面的游鱼和石子都清晰可见。

　　这小河虽然与屈原心中想要找的有些出入,不过已经算不错的了。屈原迫不及待地下马,把被汗水浸湿的帽子摘下,放在河中洗了起来。屈原洗帽十分讲究,即使没有一点儿污渍他也要洗上半个时辰,唯恐洗不干净似的。

　　洗完帽子之后,屈原还觉得不尽兴,又干脆洗了一把脸,接着又喝了几口河水。当河水入口时,屈原感到一股从未尝过的甘甜。这时,屈原忽然想到了郢都城东南面的那条沧浪河来。在朝中为官时,屈原经常到那里洗帽子,那条河跟这条小河一样清澈,不过比这条小河更宽更深。

从此以后,屈原每天都要步行到这无名小河来洗帽。屈原的茅屋草舍建在山南坡右边的山脚下,到这条无名小河,需翻过玉笥山脊。屈原已是花甲之人,身体又虚弱,往返需要很长时间,每每累得气喘吁吁。这一切,众乡亲都看在眼里、痛在心中,想着如何才能让这小河流经屈原门前,以便三闾大夫不再吃那翻山越岭之苦。

后来,机会终于来了,屈原要到附近的村子去探访一位刚刚从郢都告老还乡的大臣,这一去就要三五天。百姓们便趁此机会聚在一起,商量引水细节,然后分工合作,把小河引到了屈原的茅屋前面。

五日之后,人们见屈原愁眉苦脸地回来了,便猜到他肯定从那位老臣口中听了关于楚国不好的消息。人们真担心情绪低落的屈原看到这条偷偷被引来的小河会发脾气。不过事情并不像大家想的那样。

屈原看见这条小河,眼前突然一亮,得知这是乡亲们专门为他而引的,竟忍不住失声痛哭起来。他刚刚从那位大臣口中听说楚顷襄王被秦王逼着割地献宝,百姓因此被搜刮一空,还有些百姓为了不受强秦欺凌竟然背井离乡过起了乞讨生活。

屈原正在为此难过自责时，却见乡亲们为自己引了条小河，他心中的内疚之情便更深了。所以他被感动得一塌糊涂，也惭愧得一塌糊涂。

这之后，屈原的情绪一天比一天低落，他为自己不能力挽狂澜、救民于水火而感到惭愧。他每天都会花很长的时间去回忆自己主持变法改革时的事情，还有梳理那错综复杂的列国风云，以及咒骂朝中奸佞小人的丑恶行径……

想着想着，屈原就会忍不住流下泪来。他多希望自己能回到过去，做那个有能力改变楚国命运，有能力救万民于水火之中的左徒大人。可是一切都回不去了，屈原只能无奈地叹息。

之后，屈原自沅水而下，又顺湘水而上，至汨罗。

一日凌晨，屈原在汨罗江江堤上漫步，推敲着诗句，不知不觉来到了渡船亭的前面。因为天色还早，渡船亭冷冷清清，没有一个候船等渡的人。屈原步入亭中，眺望着晨雾迷茫的江面，仿佛在寻找着什么，等候着什么。

过了约一盏茶的工夫，屈原正要转身离去，忽然听到江面上有人在高声呼唤："三闾大夫请留步！"

屈原听到呼声便转过身去，只见江面上有一叶轻舟斜渡过来。那是一条渔船，从船上走下一位六十多岁、须发花白、一身渔夫打扮的老者。他来到屈原面前,谦恭有礼地问道:"您就是三闾大夫吧?"

屈原默然无语,点头应是。

渔夫将屈原上下仔细地打量了一番,只见他面黄肌瘦,眼皮浮肿,披头散发,衣服上还有许多泥水,不禁长叹一声道:"当朝左徒,竟然成了如今这般模样……"渔夫说不下去,伤心得潸然泪下。

屈原见状,惊奇地问道:"您是什么人?"

渔夫抽抽噎噎地回答说:"我是您的同乡,您为官左徒时,我们曾经见过面。人生易老,一晃三十多年过去了!"

屈原急忙问道:"难道你也是被流放到此地的吗?"

渔夫摇摇头说:"不,我不是被流放来的,我是自己流浪来的。一只小船,一件蓑衣,五湖四海,任我漂游。不做官,不受管,与世无争,自由自在。"

渔夫说完,先是超脱地微微一笑,然后关切地问道:"屈大夫,您如何落得这般地步?"

屈原仰天长叹地,说道:"这个世界上尽是污泥浊水,只有我一个人干净;大家都喝得醉醺醺的,只有我一个人清醒,因此我被流放,落得这般地步。"

渔夫听屈原说完,就规劝道:"圣人不拘泥于任何事物,并且能够随着世道变化而生改变,大夫为什么不学圣人变得随和一些呢?"

屈原不高兴地反问道:"什么是随和?又该怎样随和呢?"

渔夫微微一笑说:"既然这个世界上尽是污泥浊水,大夫为什么不到烂泥里去打个滚推波助澜呢?既然大家都喝得酩酊大醉,大夫为什么不去奉陪几杯,喝他个痛快淋漓呢?为什么遇事深思而又超脱,以至于落得个被放逐的结局呢?"

屈原听完十分生气,他大声说道:"我听说,刚洗过头的人要掸去帽子上的灰尘,刚洗过澡的人要抖净衣服上的尘土,怎么能让干干净净的身体去沾染污浊的外物呢?"

渔夫也振振有词地说:"做生意的要会看行情,船到江心只能随波浮沉,这做人嘛……"

渔夫的话还没说完,就被屈原打断了:"不要多言!我不能颠倒是非,混淆黑白,助纣为虐。凤凰怎么能与乌鸦同群为伍呢?"

渔夫并不生气,他不慌不忙地说道:"人各有志,不能强求,大夫可坚持自己的看法,只是凡事需要想开一些,不可固执己见。不要那么清高，否则到头来受罪的还是您自己。您不像我这样，撒网捕鱼，自得其乐。我奉劝大夫不要再自寻烦恼，自己折磨自己了！"

屈原意志坚定，出言落地有声，他说："我宁愿投入那江水中，葬身鱼腹，也不能让洁白纯净的东西，蒙受那世俗尘埃的玷污！"

渔夫知道自己说服不了屈原，就打了个圆场说道："好了，我们不要再争了。我原想劝您同我一起去打鱼，过那快活舒心的日子，既然您不愿意，我也就不再勉强了，'道不同则不相与谋'嘛！不过，我劝您凡事不可过于争胜斗强，要多保重才是啊！"

渔夫说完莞尔一笑，向屈原拱手告别，返身上船，摇动桨楫，悠悠而去，留下了一串歌谣：沧浪之水清兮，可以濯吾缨；沧浪之水浊兮，可以濯吾足。

看着渔夫渐渐远去的背影，屈原忽然有种怅然若失的感觉。他知道世间有很多如渔夫这样的人不理解自己的坚持，但是他并不介意，依旧沉浸在自己的幻想之中，幻想着有朝一日够再回朝中，为国家分忧，为百姓请命。

后来，屈原和渔夫在江中的谈话被乘船的乡亲们听到了,结果一传十十传百,大家纷纷赞扬三闾大夫品德高尚,还把那日谈话的渡船亭命名为"独醒亭",以表彰屈原"众人皆醉我独醒"的高尚气节。

山河破碎的痛苦

公元前 284 年,楚顷襄王与秦、韩、赵、魏、燕五国联合攻打齐国,大获全胜,楚国收复淮北之地,秦国得到了原属齐国的定陶,魏国得到了原齐地的大部分,赵国得济西,就连鲁国也趁此机得了徐州。

公元前 283 年春天,楚顷襄王与秦昭王会合于鄢,秋复会于穰。

公元前 281 年,楚国有一个善于射箭的人,他拿着最差的弓射向空中,就能使大雁听了箭离弦的声音而应声坠地。楚顷襄王觉得此人是个奇人,就将其召入宫中倾谈。谈话期间,此人显示出超强的治国远见,他对楚顷襄王说:"咱们的先王楚怀王因受到秦国的欺诈而客死他乡,这是极大的冤屈啊!平常的百姓有了仇怨尚且必报不可,更何况是我堂堂的大楚王国呢?如今楚国占地方圆 5000 里,拥有百万雄师,却坐在这里任人欺凌,我认为大王这样做十分不妥。"

楚顷襄王一听,觉得十分有道理,于是就派人出使其他国家商谈伐秦的大计。秦昭王听说后,先发制人,立即兴兵伐楚,楚国连忙向齐、韩两国联军求助,双方展开了激烈的战争。

公元前280年,秦昭王命司马错率军攻楚,楚国大败,割地给秦国。

公元前279年,秦大将白起攻打楚国,取鄢与邓。白起挖开长渠引水灌鄢,百姓淹死者数十万人。大水进城时,楚国百姓猝不及防,被淹者呼天抢地,咒骂暴秦之声不绝于耳。

听闻百姓遭到如此劫难,屈原悲从中来,号啕大哭,大骂暴秦的畜生行径。然后,屈原又组织村民进行游行,声讨暴秦,希望以此激起官兵对暴秦的怨怒。不过,这次游行很快就被当地的官府镇压下去,屈原十分无奈,只能将满腔怒火排解到诗歌中去。

于是,屈原写了一首《悲回风》来抒发自己内心的悲愤之情,同时也抒发了自己对奸臣误国、害君、害民的悲悼。

公元前278年春天,不断有秦兵入侵,楚兵连吃败仗的消息传来,屈原听了非常担心,每天都挂着拐杖到渡船亭去眺望,想打听一些确凿的消息。

有一天,屈原遇到了几个常到郢都做生意的商贾,此刻他们正从郢都归来。商贾们见了三闾大夫,立刻跳下马来,赶上几步,扶着屈原痛哭起来。

屈原知道一定有什么不幸的事情发生了。他猜想着,或是楚国又打了败仗,或者是秦国又侵占了楚国的大片领土。他着急地打听着,去郢都的人抬起头来互相看看,狠狠地一跺脚说:"秦将白起率兵侵占了我们的郢都,楚王向北逃往陈地去了。"

屈原一听,只觉得耳朵"嗡"的一声,眼前一黑,"咕咚"栽倒在地。老乡们将他扶了起来,只见他两眼发直,面如死灰,老泪纵横,双唇抖着喊道:"完了! 亡国了!"

晚上,屈原不能入睡,二十年的郢城生活一幕幕重现在他眼前。他的心中如毒蛇在咬,如刀子在剜,眼前是一片血,血中有人头在滚动,有婴儿在哭泣。

屈原的耳边喊杀声响成一片,哭爹叫娘声响成一片。他又看到一片火光,熊熊烈火吞噬了郢都的大街小巷,楚王的宫殿在烈火中坍塌。先王披荆斩棘,创建了楚国,而今却葬送在这一代不肖子孙之手,这是多么可悲啊!

郢都的残破,对于漂泊、困顿中的屈原来说是沉重的打击。在他的心中,国都和君王都是国家的象征,如今国都沦陷,君王逃遁,人民陷身水火。

曾几何时,本来是富饶美丽、丰衣足食、国富民强、文
化灿烂的强大楚国,被昏君和奸佞小人搞得国弱民穷、满
目疮痍,亡国在即,而自己却无计可施、无效可报,对于具
有远大政治抱负并决心终生为之献身的屈原来说,没有比
这更绝望的了。

第二天,屈原不顾老乡们的劝阻,打点行装,东下去郢
城了。他心急如焚,恨不得一步走到郢城,看看久违的故地
和百姓。他要用自己的爱心抚慰他们的痛苦。近了,近了,
更近了,然而他却不能不停止前进。难民像潮水般从郢城
逃出,扶老携幼,哀鸿遍野。屈原向他们打听郢城的消息,
他们只是含泪摇头,说不出话来。

听说屈原要去郢城,大家都大惊失色,以为他头脑发
昏了。人们都忙着逃出火坑,哪有往火坑里跳的呢?眼见
郢城难以再去,屈原只好随着难民向东、向南而逃。在颠
簸不定的船上,他拿起笔来,写出了诗篇《哀郢》。

这首诗以问句开头,又以问句结尾,可谓首尾呼应,一
气呵成。在诗中众多问句的牵引下,屈原将心中深藏的哀
怨、忧愁、惋惜和悲愤之情倾吐得淋漓尽致,给人一种步步
紧逼、环环相扣的感觉。事实上,屈原的这些情感早就淤
积于胸,如鲠在喉,大有不吐不快之势,因而便一呼而出。

写完这首《哀郢》，屈原似乎还意犹未尽，胸中起起伏伏，似乎还有一些怨恨未消，悲愤未平。于是，屈原继续酝酿和推敲，不久又写下了《怀沙》一诗。

楚国山河破碎给屈原带来了巨大的打击，他整日恍恍惚惚，不与任何人说话。他一直在专心思考一些问题，他思考天地和万物，思考历史和现实，思考命运和人生，思考自己这一生走过的风风雨雨……

经过这一系列的思考，屈原突然有了大彻大悟的感觉。他开始对以往自己所坚持的东西产生了怀疑，对以往抱定的决心也产生了动摇，对自己所遭受的迫害也有了一些反思。

屈原一时间心中疑问丛生，逐渐酝酿出一首名为《天问》的诗篇。经过无数个日日夜夜的斟酌和推敲，屈原最终定下了《天问》的层次结构。从大观上来看，《天问》包括了天地形成、天象变化、自然灾害、四方异物、历史传说以及变迁这些内容。

一颗巨星的陨落

公元前278年,五月初四夜,一个非同寻常的夜晚,在这个夜晚里,一颗巨星正经历着陨落前的熬煎与磨难。

自郢都陷落之后,在短暂的两三个月的时间里,屈原一连写成了《哀郢》《怀沙》《天问》三首光辉的诗篇,但他仍觉得意未尽,情未了,志未明,话未完。于是,他抓紧这辞世前的最后一个夜晚,又赶写了《惜往日》这首绝命诗。

在这首《惜往日》中,屈原突出表现了自己崇高的爱国主义精神以及法治思想。他痛惜自己的理想和主张受到谗人的破坏而不能实现,说明自己不得不死的苦衷,并希望以自己的死唤起广大人民的爱国意识。他对于低能无识的楚顷襄王没有半点儿指望,他不愿眼睁睁地看着祖国灭亡后才去死,因而他赴死之心已决。

写完了《惜往日》,已是三更将尽。天亮后便是五月初五,是民间祭祀图腾神和始祖的节日。每年的这一天,百姓都要举行盛大的图腾祭,将各种食物装在竹筒中或裹在树叶里,然后扔到水里,献给图腾神吃。这便是端午节最早的意义。

在这一天投江,既反映了屈原的爱国主义思想,又展示了他至死不渝的美政思想。

越王勾践为了复仇卧薪尝胆,每年于五月初五训练水军。屈原选择这个日子自尽,目的是号召人民团结一心,复仇兴国。

死的决心早已下定,死的日期也早已确定,这一切都是自觉的,经过深思熟虑的。

那晚,屈原又拿出竹简奋笔疾书,写下了自己的身后事。之后他来到一堆柴草中,从里面扒出两个三四十斤重的石锁来,又找来了一个大麻袋,将石锁装了进去。他将马儿牵出马厩,把那个装有石锁的麻袋放在了马鞍上。

安置好之后,屈原一跃跳到了马背上。出了村子,马儿忽然健步如飞,在屈原的驾驭下朝着汨罗江奔去。

屈原是一个爱整洁又十分注重仪容的人,即便是去赴死,他也要打扮得整整齐齐。他将身上的衣袍从上到下重新整理了一遍,将衣服的褶皱抚平,然后捋了捋被大风吹乱的胡须和头发,接着又将身上的佩剑摆正,把玉佩的坠子梳理好。

一切整理妥当之后,屈原突然跪在地上,面朝西北郢都和秭归乐平里所在的方向,行了三拜九叩的大礼。行礼过程中,屈原一直表现得十分从容镇定,行礼的动作也十分标准。

行过大礼之后,屈原把马背上的石锁卸下来绑在自己身上,然后慢慢移动脚步来到江边,没有一点儿停歇便纵身一跃跳入江中。只听"扑通"一声,江水四溅,屈原的身影便消失得无影无踪了。

"三闾大夫投江了!"听到这一噩耗,众人纷纷往江边跑。

"三闾大夫!"众人的喊声汇成了惊天动地的雷鸣,随着流水,随着白云,传播到无限远的地方。

一条、两条、三条……二十多条小船从江边划开,带着急切的、流血的心四处寻觅。

屈原的踪影一点儿都没有了,除了那顶帽子,一点儿痕迹都没有留下。一代英才,楚国的灵魂,无声无息地去了,留下的是一片悲哀和绵绵无尽的思念。

此时正是公元前 278 年——周赧王三十七年、楚顷襄王二十一年——五月初五,屈原享年62岁。

一颗巨星就这样陨落了。一个伟大的天才,蕴涵着救世济民的巨大能量,却在内耗中消磨殆尽。这难道只是他个人的悲剧吗?